# La Buona Novella

## Nell'Epistola ai Galati
### Uno Studio Versetto per Versetto

E. J. Waggoner

Pubblicato originariamente nell'anno 1900
Edito da Robert J. Wieland
Tradotto da
Alfredo Carnevali, Orazio di Gregorio e Sergio Mascherini

*La Buona Novella nell'Epistola ai Galati*
E. J. Waggoner
Diritto d'autore © 2017 di CFI Book Division
Copertina e disegni interiori di CFI Graphic Design

Tutti i diritti riservati. Nessuna parte di questo libro può essere riprodotta in qualsiasi forma od ogni altro mezzo elettronico o meccanico, ivi compresi i sistemi di archiviazione e recupero delle informazioni senza permesso scritto del suo editore, CFI Book Division.

Le citazioni dalla Sacra Scrittura in questa pubblicazione sono tratte, se non è indicato diversamente, da La Sacra Bibbia della Conferenza Episcopale Italiana (CEI). Copyright 2008 per gentile concessione della Fondazione di Religione Santi Francesco d'Assisi e Caterrina da Siena, Circonvallazione Aurelia n. 50, 00165 Roma, Italia. Usata con permesso.

Foto di copertina: Shutterstock.com

Pubblicato da CFI Book Division
P.O. Box 231 Gordonsville, Tennessee 38563

ISBN 978-0-9975122-2-9

Stampato in Stati Uniti d'America

## Al Lettore

Esaminando meticolosamente un unico libro della Bibbia, E. J. Waggoner ha stabilito quattro principi fondamentali riguardo il carattere di Dio: l'eternità della Sua legge; l'importanza della libera volontà dell'umanita nella scelta di peccare o di non peccare; l'assurdità del peccato, in quanto esso è ribellione contro l'eterno amore di Dio espresso nella morte sacrificale di Cristo; e il dono gratuito per fede di Dio, che fortifica e rende tutti capaci di liberarsi dalla schiavitù del peccato, se noi solo crediamo la "buona novella" insegnata dal nostro Signore Gesù Cristo. Waggoner ha colto lo spirito della lettera che l'apostolo Paolo scrisse ai Galati come pochi commentatori, o nessuno, hanno mai fatto. Nelle sue varie edizioni questo libro ha suscitato fuochi di risveglio personale attraverso il mondo, compresi Australia, Africa, Nord e Sud America. È con grande impazienza che noi presentiamo quest'opera per la prima volta in italiano.

# Indice Generale

Premessa . . . . . . . . . . . . . . 7

Introduzione . . . . . . . . . . . . . . . 9

1. Il Vero Vangelo: una Rivelazione di Gesù Cristo . . . . 11

2. Vivere Attraverso la Fede di Cristo. . . . . . . . .35

3. Riscattati dalla Maledizione . . . . . . . . . . .61

4. "L'Adozione a Figli" . . . . . . . . . . . . . 107

5. Lo Spirito Fa in Modo che Sia Facile Essere Salvati . . 127

6. La Gloria Della Croce . . . . . . . . . . . . 149

Riassunto del Messaggio della Buona Novella
   nella Lettera ai Galati . . . . . . . . . . . 173

Breve Nota Biografica su E.J. Waggoner . . . . . . . 177

# Premessa

Nel 1938 scopersi proprio casualmente una copia rara di un'edizione esaurita del le *Glad Tidings*, di E. J. Waggoner, che giaceva in una biblioteca privata. Non conoscendo niente né dell'autore, né dell'argomento del libro, mentre leggevo provai una strana sensazione di calore al cuore. Ero consapevole di aver oltrepassato nella mia vita una frontiera, essendo capitato su un libro veramente di gran valore. Temendo che non avrei mai più avuto l'occasione di vedere un'altra copia, ottenni il permesso di portare la mia vecchia macchina da scrivere nella biblioteca, dove copiai pagina dopo pagina i passaggi più entusiasmanti, per averli con me per sempre.

Prima che trovassi le *Glad Tidings* non avevo mai capito che cosa volesse veramente dire la lettera di Paolo ai Galati. Per me il conflitto apparentemente inconciliabile tra la legge e la fede rappresentava un dilemma. Sapevo che Paolo nelle sue lettere sosteneva la legge di Dio, in quanto "santa, giusta e buona" (Romani 7:12). Ma nell'Epistola ai Galati sembrava che Paolo contraddicesse se stesso. Le discrepanze e le contraddizioni evidenti mi imbarazzavano. La maggior parte di coloro che hanno commentato la lettera ai Galati l'hanno giudicata arida, se non apertamente antinomiana. La lettera ai Galati era aldilà della mia capacità di percezione, e io non potevo attraverso di essa far sorgere nel mio animo quei sentimenti di amore e di devozione che Paolo conobbe così intimamente. Con l'Epistola ai Galati che mi rendeva così perplesso, come potevo mai imparare a "gloriarmi" nella croce, così come aveva fatto Paolo?

Fin da quando feci conoscenza per caso di questo libro più di trenta anni fa, avevo sognato di fornire un piccolo contributo per presentarlo al mondo odierno. Ma ci furono degli ostacoli. Il Dr. Waggoner aveva spesso usato la Bibbia della vecchia English Revised Version, del 1881, e la maggior parte dei lettori l'avrebbero trovata di difficile comprensione. Io l'ho sostituita allora con la Revised Standard Version, che in genere concorda con la vecchia Revised Version.

Ma ancora un ostacolo. La sintassi di Waggoner era talora difficile. Sebbene il suo stile letterario sia insolitamente chiaro e succinto per un autore del diciannovesimo secolo, io ho cercato di presentare il testo in una veste letteraria più moderna. Ho eliminato una certa ridondanza senza alterare il pensiero o la preminenza dell'originale. Certi passaggi non essenziali per gl'insegnamenti fondamentali della giustificazione per fede sono stati omessi, in quanto irrilevanti nella vita odierna. Ho avuto ogni cura per preservare il messaggio originale di Waggoner della giustificazione per fede esattamente com'egli l'aveva insegnata. Sono felice di offrire al lettore moderno un tesoro che confido che avrà l'efficacia di arricchire la sua vita così come ha arricchito la mia.

*Robert J. Wieland*

# INTRODUZIONE

È abbastanza comune, scrivendo a proposito di qualsiasi libro della Bibbia, di riservare uno spazio cospicuo ad un'"introduzione." Ma è meglio introdurre subito il lettore allo studio del libro, ed allora egli imparerà presto, se è diligente e fedele, tutto quel che il libro rivela di se stesso. Noi conosciamo meglio una persona parlando con essa, piuttosto che ascoltando un'altra persona che parla di essa. Procediamo allora subito a studiare la lettera di Paolo ai Galati.

Se tutti studiassero la Bibbia in preghiera e coscienziosamente, così come sarebbe necessario, non ci sarebbe bisogno di nessun altro libro religioso. Qualsiasi cosa sia scritta dovrebbe avere lo scopo di richiamare l'attenzione più direttamente sulle parole della Scrittura. Tutto ciò che sostituisce quel che dice la Bibbia con l'opinione di qualsiasi uomo, di modo da indurre il lettore a sentirsi soddisfatto, senza bisogno di continuare a studiare la Bibbia in modo personale, è peggio che inutile.

Possa Dio concedere che questo piccolo aiuto allo studio della Parola renda ogni lettore più famigliare con tutta la Scrittura, che è capace di renderlo savio per ottenere la salvezza.

*E. J. Waggoner*

# Galati Capitolo 1

## Il Vero Vangelo: una Rivelazione di Gesù Cristo

Galati 1:1 Paolo, apostolo (non da parte di uomini, né per mezzo di uomo, ma tramite Gesù Cristo e Dio Padre, che Lo ha risuscitato dai morti), 2 e tutti i fratelli che sono con me,

**Alle Chiese della Galatia:**

3 Grazia a voi e pace da Dio Padre nostro e dal Signore Gesù Cristo, 4 che ha dato Se stesso per i nostri peccati al fine di strapparci da questo mondo malvagio, secondo la volontà di Dio e Padre nostro, 5 al quale sia gloria nei secoli dei secoli. Amen.

I primi cinque versetti costituiscono un saluto che comprende l'intero vangelo. Se non fosse disponibile alcun'altra porzione della Scrittura, questo brano contiene quanto necessario per salvare il mondo. Se noi volessimo studiare questa piccola porzione con quella diligenza e quell'apprezzamento che meriterebbe se non esistesse alcun'altra porzione della Scrittura, vedremmo che la nostra fede, la nostra speranza e il nostro amore sarebbero infinitamente fortificate. Leggendola, dimentichiamo del tutto i Galati, e ognuno di noi la consideri come voce di Dio che parla oggi a lui, attraverso il Suo apostolo.

Un "apostolo" è qualcuno che è stato mandato. La sua fiducia è in proporzione all'autorità di colui che l'ha mandato e alla sua fiducia in quell'autorità e in quel potere, "Poiché colui che Dio ha mandato, proferisce le parole di Dio" (Giovanni 3:34). È quel che avvenne con Paolo: egli parlava con autorità, e le parole che proferiva erano i comandamenti di Dio (1 Corinzi 14:37).

Leggendo questa lettera o qualsiasi altra lettera della Bibbia, non dobbiamo lasciarci influenzare dalle peculiarità personali e dai pregiudizi dell'autore. Ogni autore mantiene la sua propria individualità, poiché Dio sceglie uomini diversi per compiere opere diverse. Ma la Parola di Dio è in tutti loro.

Non solo gli apostoli, ma ognuno nella chiesa ha ricevuto l'incarico di parlare "come annunziando oracoli di Dio" (1 Pietro 4:11). Tutti coloro che sono in Cristo sono creature nuove, essendo stati riconciliati con Dio da Gesù Cristo; e a tutti coloro che sono stati riconciliati viene data la parola e il ministero di riconciliazione, per cui essi sono ambasciatori per Cristo, come se Dio implorasse gli uomini a riconciliarsi con Lui attraverso di essi, così come attraverso Cristo. Vedere 2 Corinzi 5:17-20. Ciò dovrebbe aiutare a prevenire lo scoraggiamento e il timore di coloro che predicano il messaggio di Dio. Gli ambasciatori dei governi terreni possiedono autorità in funzione del potere del re o del governatore che essi rappresentano. Ma i Cristiani rappresentano il Re dei re e Signore dei Signori.

Ogni insegnamento del vangelo è basato sulla divinità di Cristo. Gli apostoli e i profeti erano così ripieni di questa verità, che essa traspare dappertutto dai loro scritti. Gesù Cristo è "l'immagine dell'invisibile Iddio" (Colossesi 1:15). "Il Quale, essendo lo splendore della Sua gloria e l'impronta della Sua essenza ..." (Ebrei 1:3). Egli era all'inizio con Dio ed era Dio prima che esistesse il mondo (Giovanni 1:1; 17:5). "Ed Egli è avanti ogni cosa, e tutte le cose sussistono in Lui" (Colossesi 1:17).

Gesù Cristo e Dio Padre, che L'ha risuscitato dai morti", sono associati in termini uguali. "Io ed il Padre siamo uno" (Giovanni 10:30). Entrambi siedono sullo stesso trono (Ebrei 1:3; Apocalisse di Giovanni 3:21). Il consiglio di pace è fra entrambi i due (Zaccaria 6:12, 13). Gesù è stato Figliuol di Dio durante tutta la Sua vita, sebbene fosse della discendenza di Davide secondo la carne. Ma fu alla resurrezione, compiuta ad opera dello Spirito di santità, che fu reso manifesto a tutti il Suo stato di Figlio di Dio (Romani 1:3, 4). Questa lettera possiede la stessa autorità che ebbe la condizione apostolica di Paolo.

"Grazia e pace a voi da Dio Padre"—questa è la parola del Signore, ed ha quindi un significato maggiore della parola dell'uomo. Il Signore non tratta con complimenti vani. La Sua parola crea, e noi abbiamo qui la forma della parola creativa. Dio disse: "'Sia la luce!' E la luce fu". Così pure qui, "Sia grazia e pace a voi", e così è. Dio ha mandato grazia e pace, recando giustizia e salvezza a tutti gli uomini—anche a te, chiunque tu sia, ed a me. Quando tu leggi questo terzo versetto, non leggerlo come se fosse una sorta di convenevole od un semplice saluto convenzionale, ma leggilo in quanto parola creativa che porta a te personalmente tutte le benedizioni della pace di Dio. Esso rappresenta per noi la stessa parola che Gesù proferì alla donna: "I tuoi peccati ti sono rimessi". "Vattene in pace". (Luca 7:48, 50).

Questa pace e questa grazia procedono da Cristo, "che diede Se stesso per i nostri peccati". "A ciascuno di noi la grazia è stata data secondo la misura del dono largito da Cristo" (Efesini 4:7). Ma questa grazia è "la grazia che è in Cristo Gesù". (2 Timoteo 2:1). Quindi, in base a ciò noi sappiamo che Cristo stesso è dato ad ognuno di noi. Il fatto che gli uomini vivono è una prova che Cristo è stato dato a loro, poiché Cristo è la "vita", e la "vita" è "la luce degli uomini". Questa vita-luce "illumina ogni uomo" (Giovanni 14:6; 1:4, 9). In Cristo "tutte le cose sussistono in Lui" (Colossesi 1:17), quindi, siccome Dio "non ha risparmiato il Suo proprio Figliuolo, ma L'ha dato per noi tutti", Egli non può fare diversamente che "donarci anche tutte le cose con Lui" (Romani 8:32). Il Suo potere divino ci ha largito tutte le cose che hanno parte della vita e della divinità" (Romani 5:15, 18).

Cristo è dato ad ogni uomo. Quindi ogni persona Lo riceve nella Sua interezza. L'amore di Dio comprende tutto il mondo, ma esso si rivolge anche ad ogni singolo individuo. L'amore di una madre non si divide fra i suoi bambini in modo tale che ognuno riceve solo un terzo, un quarto o un quinto di esso; ogni bambino è oggetto di tutto il Suo affetto. Quanto più ciò è vero di Dio, il Cui amore è più perfetto dell'amore di qualsiasi madre! (Isaia 49:15) Cristo è la luce del mondo, il Sole di Giustizia. Ma la luce non si suddivide ad una moltitudine di uomini. Se una sala piena di uomini è illuminata in modo sfolgorante, ogni persona riceve l'effetto benefico di tutta la luce, nella stessa misura come se la persona fosse sola nella sala. Così la luce di Cristo illumina ogni uomo che viene al mondo. Cristo dimora nel cuore di ogni credente in tutta la Sua pienezza. Seminate un seme nel terreno e voi otterrete molti semi, ognuno possedendo la stessa quantità di vita del seme originario che era stato seminato.

## Cristo Ci Ha Comperati

Quanto spesso sentiamo dire da certuni: "Io sono così peccatore che temo che il Signore non mi accetterà!" Anche certuni che da tempo si professano Cristiani spesso esprimono con tristezza il desiderio di poter essere sicuri della loro accettazione da parte di Dio. Ma il Signore non ha dato alcun motivo per dubbi del genere. La nostra accettazione è stabilita per sempre. Cristo ci ha comperati ed ha pagato il prezzo. Perché un uomo entra in un negozio e compra un articolo? Perché desidera quell'articolo. Se, dopo averlo esaminato per sapere che cosa sta comprando, egli ne ha pagato il prezzo, il venditore si preoccupa che egli non l'accetterà? Se il venditore non consegna gli articoli, l'acquirente chiederà: "Perché non mi hai dato quel che mi appartiene?" Per Gesù non è indifferente se noi ci consegniamo a Lui o no. Egli anela con nostalgia infinita ad avere quelle anime che Egli ha acquistato col Suo proprio sangue. "Il Figliuol dell'uomo è venuto per cercare e salvare ciò che era perito" (Luca 19:10). Dio "ci ha eletti, prima della fondazione del mondo", "avendoci predestinati ad essere adottati" (Efesini 1:4–6).

Perché Cristo ha dato Se stesso per i nostri peccati? "Per liberarci dal presente secolo malvagio".

Un certo uomo, si dice, era noto per il suo carattere violento. Egli spesso si arrabbiava molto, ma ne attribuiva la colpa alle persone con le quali viveva, che lo facevano esasperare. Nessuno, dichiarava, riuscirebbe a comportarsi rettamente con delle persone del genere. Quindi egli decise di "abbandonare il mondo" e si fece eremita.

Scelse come sua casa una grotta nella foresta, lontana da ogni altro insediamento umano. Al mattino andava ad una sorgente con la sua brocca per far provvigione di acqua per il suo pasto. La roccia era ricoperta di muschio, e il continuo scorrere dell'acqua l'aveva reso sdrucciolevole. Quando egli pose la brocca sotto il getto d'acqua, questa gli scivolò. La rimise sotto il getto e di nuovo essa scivolò via. La cosa si ripetè due o tre volte, ogni volta con energia accresciuta. Infine l'eremita perse la pazienza ed esclamò: "La vedremo se non stai a posto". Raccolse la brocca e la pose giù con tale veemenza che andò in frantumi. Non poteva biasimare nessun altro se non se stesso, ed allora ebbe il buon senso di riconoscere che non era il mondo che lo circondava, ma il mondo che era dentro di lui che lo faceva peccare.

Ovunque noi andiamo, noi portiamo con noi il mondo ("questo secolo presente malvagio"). Noi l'abbiamo nel nostro cuore—un onere pesante, opprimente. Noi vediamo che quando vogliamo fare il bene "il male si trova in me" (Romani 7:21). Questo "secolo presente malvagio è sempre presente", fin tanto che, spinti alla disperazione, noi gridiamo: "Misero me uomo! Chi mi trarrà da questo corpo di morte?" (versetto 24).

Anche Cristo affrontò delle tentazioni terribili nel deserto, lontano dalle dimore degli uomini. Tutte queste cose ci insegnano che i monaci e gli eremiti non fanno parte del piano di Dio. Gli uomini di Dio sono il sale della terra; e il sale deve essere mescolato con le derrate che devono essere conservate.

La liberazione è nostra. Cristo è stato mandato "per aprire gli occhi dei ciechi, per trarre dal carcere i prigioni, e dalle segrete quei che giacciono nelle tenebre". (Isaia 42:7). In accordo con questo Egli grida ai prigionieri: "Libertà!" A coloro che sono rinchiusi Egli proclama che le porte della prigione sono "aperte". (Isaia 61:1). A tutti i prigionieri Egli dice: "Uscite!" (Isaia 49:9). Ognuno può dire, se lo vuole: "Sì, o Eterno, io son Tuo servitore ... figliuolo della Tua servente; Tu hai sciolto i miei legami" (Salmo 116:16).

La cosa è vera, che noi la crediamo o no. Noi siamo i servitori del Signore, sebbene possiamo essere recalcitranti a servirLo. Egli ci ha comprati; ed avendoci comprati, Egli ha spezzato ogni impedimento che ci impediva di servirLo. Per riportare la vittoria che ha vinto il mondo è sufficiente che noi crediamo.

1 Giovanni 5:4; Giovanni 16:33. Il messaggio per noi è questo: che la lotta, "il tempo della nostra servitù, è compiuto", che il "debito della nostra iniquità è perdonato", pagato. Isaia 40:2.

"Il mio peccato—oh, delizia del pensiero glorioso!
Il mio peccato, non solo una parte, ma l'intero peccato,
È inchiodato alla Sua croce, e non lo porto più io,
Loda il Signore, loda il Signore, o anima mia!"

## La Volontà del Signore

Tutta questa liberazione è "secondo la volontà del nostro Dio e Padre". La volontà di Dio è la nostra santificazione. "Questa è la volontà di Dio: che vi santifichiate". (1 Tessalonicesi 4:3). Egli vuole che tutti gli uomini siano salvati e vengano alla conoscenza della verità (1 Timoteo 2:4). Egli "opera tutte le cose secondo il consiglio della propria volontà" (Efesini 1:11). "Intendi insegnare la salvezza universale?", chiederà qualcuno. Intendiamo insegnare esattamente quel che insegna la Parola di Dio—che "la grazia di Dio, salutare per tutti gli uomini, è apparsa" (Tito 2:11). Cristo ha predisposto la salvezza per ogni uomo, e gliel'ha data; ma la maggior parte degli uomini la rifiuta con disprezzo e la butta via. Il giudizio rivelerà che ad ogni uomo è stata data piena salvezza, e che coloro che saranno perduti hanno deliberatamente gettato via quel che gli apparteneva per diritto di nascita.

La volontà di Dio è dunque qualcosa di cui godere, e non qualcosa che deve essere semplicemente sopportato. Anche se essa comporta afflizione, ciò è per il nostro bene ed è designato a produrre in noi "un sempre più grande, smisurato peso eterno di gloria". (Romani 8:28; 2 Corinzi 4:17). Noi possiamo dire con Cristo: "Dio mio, io prendo piacere a far la Tua volontà, e la Tua legge è dentro al mio cuore" (Salmo 40:8).

Qui risiede la consolazione che deriva dal conoscere la volontà di Dio. Egli desidera la nostra liberazione dalla schiavitù del peccato; noi possiamo quindi pregare con piena fiducia e con azioni di grazie, poiché "questa è la confidanza che abbiamo in Lui: che se domandiamo qualcosa secondo la Sua volontà, Egli ci esaudisce; e se sappiamo ch'Egli ci esaudisce in quel che

Gli chiediamo, noi sappiamo di aver le cose che Gli abbiamo domandate" (1 Giovanni 5:14, 15).

Sia gloria a Dio per questa liberazione! Tutta la gloria Gli appartiene, che l'uomo lo riconosca o no. Dare a Lui la gloria non vuol dire darGli effettivamente qualcosa, ma significa riconoscere un dato di fatto. Noi Gli attribuiamo la gloria riconoscendo che a Lui è il potere. "È Lui che ci ha fatti, e noi siam Suoi". (Salmo 100:3). Non ci siamo fatti da noi stessi. Potere e gloria sono correlate, come noi apprendiamo dalla preghiera del Signore. Quando Gesù aveva trasformato col Suo potere l'acqua in vino, ci viene detto che in questo miracolo Egli "manifestò la Sua gloria". (Giovanni 2:11). Allora, quando diciamo che a Dio è la gloria, noi riconosciamo che tutto il potere viene da Lui. Noi non salviamo noi stessi, poiché siamo "senza forza". Se confessiamo che tutta la gloria appartiene a Dio, noi non indulgeremo in vanagloriose immaginazioni e non ci vanteremo.

L'ultima proclamazione dell'"evangelo eterno", che annuncia che l'ora del Suo giudizio è venuta, ha questo come suo compito: "temete Iddio e dateGli gloria". (Apocalisse di Giovanni 14:7). Quindi la lettera ai Galati, che attribuisce a Lui "la gloria", costituisce l'annunciazione dell'evangelo eterno; essa è categoricamente un messaggio per questi ultimi giorni. Se noi la studiamo e le riconosciamo il suo giusto valore, potremo contribuire ad affrettare il tempo in cui "la terra sarà ripiena della conoscenza della gloria dell'Eterno, come le acque coprono il fondo del mare". (Abacuc 2:14).

**Galati 1:6 Mi meraviglio che così in fretta da Colui che vi ha chiamati con la grazia di Cristo passiate ad un altro vangelo. 7 In realtà, però, non ce n' è un altro; solo che vi sono alcuni che vi turbano e vogliono sovvertire il vangelo di Cristo. 8 Orbene, se anche noi stessi o un angelo dal cielo vi predicasse un vangelo diverso da quello che vi abbiamo predicato, sia anàtema! 9 L'abbiamo già detto e ora lo ripeto: se qualcuno vi predica un vangelo diverso da quello che avete ricevuto, sia anàtema!**

L'apostolo entra ora nel cuore del suo soggetto. Il suo spirito sembra in fiamme, e presa la sua penna scrive come solo può scrivere uno che sente sul suo cuore la responsabilità delle anime che corrono verso la loro distruzione.

I fratelli di Paolo si trovavano in un pericolo mortale, e lui non poteva perder tempo in convenevoli. Egli deve abbordare subito il suo soggetto nei termini più chiari e diretti possibile.

Chi "chiama" gli uomini? "Fedele è l'Iddio dal quale siete stati chiamati alla comunione del Suo Figliuolo Gesù Cristo, nostro Signore". (1 Corinzi 1:9). "L'Iddio d'ogni grazia, il Quale vi ha chiamati alla Sua eterna gloria in Cristo". (1 Pietro 5:10). "Per voi è la promessa, e per i vostri figliuoli, e per tutti quelli che son lontani, per quanti il Signore Dio nostro ne chiamerà". (Atti 2:39). Tutti quelli che sono vicini e tutti quelli che sono lontani— ciò include tutti quelli che sono nel mondo. Quindi Dio chiama ognuno. (Ciononostante, non vengono tutti!)

Ma Paolo si è riferito a se stesso come a colui che aveva chiamato i fratelli galati, e dal quale essi ora si stavano allontanando? Un piccolo ragionamento dovrebbe essere sufficiente a convincerci quanto ciò sarebbe impossibile. Lo stesso Paolo aveva detto che l'apostasia sarebbe venuta come conseguenza dell'azione di uomini che avrebbero cercato "di trarre i discepoli dietro a sè". (Atti 20:30); lui, in quanto servitore di Cristo, sarebbe l'ultima persona che intenderebbe trarre le persone dietro a sè. Sebbene Dio usi degli agenti umani, come Paolo, è nondimeno Dio che chiama. Noi siamo solo ambasciatori per Cristo. È Dio che attraverso di noi implora gli uomini a riconciliarsi con Lui. Possono esserci molte bocche, ma c'è una sola voce.

## Separarsi da Dio

Siccome i fratelli Galati stavano separandosi da Colui che li aveva chiamati, e poiché Dio è Colui che chiama gli uomini con grazia, è evidente che essi stavano abbandonando il Signore. È questione di minore importanza unirsi o separarsi da degli uomini, ma è una questione di vitale importanza essere uniti a Dio.

Molti pensano che se sono "membri con una buona posizione" in questa o quella chiesa, essi si trovano al sicuro. Ma l'unica cosa che valga la pena di considerare è questa: Sono unito col Signore e cammino nella Sua verità? Se una persona è unita al Signore, essa troverà ben presto il suo posto fra il popolo di Dio; poiché coloro che non fanno parte del Suo popolo non tollerano a lungo fra di loro un fedele seguace di Dio. Quando Barnaba andò ad Antiochia, esortò i fratelli ad "attenersi al Signore con fermo proponimento di cuore". (Atti 11:22, 23). Ciò è tutto quanto era necessario. Se noi facciamo questo, troveremo certamente ben presto gli uomini che appartengono al popolo di Dio.

Coloro che stavano abbandonando il Signore erano "senza Dio nel mondo", nella misura in cui essi stavano allontanandosi da Lui. Ma coloro che si trovano in questa condizione sono gentili, o pagani (Efesini 23:11, 12). Quindi i fratelli Galati ricadevano nel paganesimo. Non poteva essere diversamente, poiché ogniqualvolta un Cristiano perde il contatto col Signore, inevitabilmente ricade nella vecchia vita da cui era stato salvato. Non può esistere al mondo una condizione più disperata che di essere senza Dio.

## "Un Altro Vangelo"

Come può esistere un "altro vangelo"? Il vero vangelo è "potenza di Dio per la salvezza d'ogni credente". (Romani 1:16). Dio stesso è il potere, ed abbandonarLo significa abbandonare il vangelo di Cristo.

Niente può definirsi un vangelo a meno che non professi di fornire la salvezza. Ciò che professa di non offrire altro che la morte non può essere definito un "vangelo", che significa "buona notizia", "notizia lieta". Una promessa di morte non corrisponde a tale descrizione. Affinché qualsiasi dottrina falsa possa riuscire a farsi passare come vangelo, essa deve pretendere di costituire la via che conduce alla vita; diversamente non potrebbe ingannare la gente.

I Galati stavano per essere sedotti ed allontanati da Dio ad opera di qualcosa che prometteva loro la vita e la salvezza tramite un potere diverso da quello di Dio. Quest'altro vangelo non era altro che un vangelo umano. Una pretesa non ha alcun valore. Una maschera non è un uomo. Quindi quest'altro vangelo che stava lusingando i fratelli Galati non era altro che un vangelo pervertito, una contraffazione, un falso, e assolutamente non un vero vangelo.

Ma allora sorge l'interrogativo: Qual è il vero vangelo? È quello che era predicato da Paolo? O quello che era predicato dagli altri?

Siccome Gesù Cristo è per noi il potere di Dio, e non esiste alcun altro nome se non quello di Gesù attraverso cui si possa ottenere la salvezza, non può esistere che un solo vero vangelo. Quello che Paolo predicava ai Galati, così pure come ai Corinzi, "Gesù Cristo e Lui crocifisso", era il vangelo che era stato predicato da Enoch, da Noè, da Abramo, da Mosè e da Isaia. "Di Lui attestano tutti i profeti che chiunque crede in Lui riceve la remissione de' peccati mediante il Suo nome". (Atti 10:43).

Se un uomo, od anche un angelo del cielo, dovesse predicare qualcosa di diverso da quel che avevano predicato Paolo e i profeti, egli sottoporrebbe se stesso ad una maledizione. Non esistono due modi di valutare quel che è giusto e quel che è errato. Quel che recherebbe una maledizione oggi avrebbe prodotto lo stesso effetto anche cinquemila anni fa. La via che conduce alla salvezza è stata esattamente la stessa in ogni era. Il vangelo predicato ad Abramo (Galati 3:8) era autentico, poiché esso gli fu comunicato da degli angeli; e gli antichi profeti predicarono lo stesso vangelo (1 Pietro 1:11, 12). Se il vangelo predicato da questi uomini dell'antichità fosse stato diverso da quello predicato da Paolo, sarebbero stati anch'essi "maledetti".

Ma perché dovrebbe essere maledetta una persona per aver predicato un vangelo diverso? Perché questa falsa predicazione costituirebbe il mezzo per irretire altri nella stessa maledizione, conducendoli a confidare per la propria salvezza in quel che non è niente, che non ha alcun valore. Siccome i Galati stavano abbandonando Dio, essi riponevano la loro fiducia per ottenere la salvezza in un preteso potere umano, il loro proprio potere. Ma nessun uomo può salvare un altro uomo (Salmo 49:7, 8); e "maledetto l'uomo che confida nell'uomo e fa della carne il suo braccio, e il cui cuore si ritrae dall'Eterno!" (Geremia 17:5). Colui che conduce gli uomini sotto la maledizione deve naturalmente essere egli stesso maledetto.

"Maledetto chi fa smarrire al cieco il suo cammino!" (Deuteronomio 27:18). Se questo deve avvenire a colui che fa inciampare una persona cieca fisicamente, quanto più ciò deve applicarsi a colui che fa inciampare un'anima, conducendola alla sua rovina eterna! Ingannare gli uomini con una falsa speranza di salvezza – potrebbe esistere qualcosa di più fatale? Ciò significa condurre le persone a costruire la loro dimora sull'abisso.

## Un angelo del cielo

Ma esiste proprio la possibilità che un "angelo del cielo" predichi un vangelo diverso dal vero vangelo? Certamente, anche se esso non sarebbe un angelo venuto di recente dal cielo. "Poiché codesti sono solo dei falsi apostoli, degli operai fraudolenti, che si travestono da apostoli di Cristo. E non c'è da meravigliarsene, perché anche Satana si traveste da angelo di luce" (2 Corinzi 11:14, 15). Essi predicano invariabilmente un "altro vangelo", e non il vangelo di Gesù Cristo. Diffidate di loro. "Diletti, non crediate ad ogni spirito, ma provate gli spiriti per sapere se son da Dio". (1 Giovanni 4:1). "Alla legge! Alla testimonianza. Se il popolo non parla così, non vi sarà per lui alcuna aurora!" (Isaia 8:20). Nessuno dovrebbe lasciarsi trarre in inganno, fin tanto che possiede la parola di Dio.

**Galati 1:10 Infatti, è forse il favore degli uomini che intendo guadagnarmi, o non piuttosto quello di Dio? Oppure cerco di piacere agli uomini? Se ancora io piacessi agli uomini, non sarei più servitore di Cristo!**

Nei primi tre secoli la chiesa si corruppe ad opera del paganesimo, e nonostante tutte le riforme una buona parte di paganesimo permane. Questo è stato il risultato di avere tentato di cercare "il favore degli uomini". I vescovi pensarono che essi avrebbero potuto guadagnare un ascendente sui pagani attenuando in una certa misura il rigore dei principi del vangelo, ed è quel che essi fecero. Ne risultò la corruzione della chiesa.

Alla base degli sforzi per conciliarsi il favore degli uomini e piacere agli uomini si trova sempre l'amore di se stessi. I vescovi desiderarono (spesso forse senza esserne consapevoli) trarre dei discepoli dietro a sè (Atti 20:30). Per poter guadagnare il favore degli uomini essi dovevano entrare in compromesso e pervertire la verità.

Questo è quanto avveniva nella Galazia. Degli uomini pervertivano il vangelo. Ma Paolo cercava di piacere a Dio, e non agli uomini. Egli era il servo di Dio, e desiderava piacere solo a Dio. Questo principio è valido in ogni tipo di servizio. Gl'impiegati che cercano solo di piacere agli uomini non saranno impiegati fedeli, poiché essi faranno un buon lavoro solo quando questo può essere visto, ed eviteranno ogni compito che non può essere visto dall'occhio degl'ispettori. Allora Paolo esorta: "Servi, ubbidite in ogni cosa ai vostri padroni secondo la carne; non servendoli soltanto quando vi vedono come per piacere agli uomini. ... Qualunque cosa facciate, operate di buon animo, come per il Signore e non per gli uomini". (Colossesi 3:22-24).

Esiste in noi una tendenza a smussare il mordente della verità, per timore di perdere il favore di qualche persona ricca o influente. Quanti hanno camuffato le loro convinzioni, per tema di perdere danaro o la propria posizione! Che ognuno di noi ricordi: "Se io stessi ancora cercando di piacere agli uomini non sarei un servitore di Cristo". Ma ciò non vuol dire che noi dovremmo essere severi e scortesi. Non vuol dire che noi dovremmo consapevolmente offendere altri. Dio è gentile con gl'ingrati e con gl'ingiuriosi. Noi dobbiamo essere conquistatori di anime; quindi dobbiamo avere un comportamento adatto per conquistare le anime. Noi dobbiamo esibire solo il carattere attraente, amabile di Colui che fu crocifisso.

**Galati 1:11 Vi dichiaro dunque, fratelli, che il vangelo da me annunziato non è modellato sull' uomo; 12 infatti io non l' ho ricevuto né l' ho imparato da uomini, ma per rivelazione di Gesù Cristo.**

Il vangelo è divino, non umano. Nel primo versetto l'apostolo dice di non essere stato mandato da un uomo, ed egli non è ansioso di piacere agli uomini, ma unicamente a Cristo. Adesso viene reso molto evidente che il messaggio che egli recava veniva interamente dal cielo. Per nascita ed educazione egli era contrario al vangelo, e quando si convertì egli si convertì ad opera di una voce dal cielo. Il Signore stesso gli apparve sul cammino mentre spirava minaccia e strage contro i discepoli del Signore (Atti 9:1-22).

Non esistono due persone la cui esperienza nella conversione sia la stessa; tuttavia i princìpi generali sono gli stessi in tutti. In effetti, ogni persona deve essere convertita così come lo fu Paolo. Raramente l'esperienza sarà così impressionante; ma se essa è autentica deve essere un'esperienza proveniente dal cielo, così come certamente lo fu per Paolo. "Tutti i tuoi figliuoli saranno discepoli dell'Eterno". (Isaia 54:13). "L'unzione che avete ricevuta da Lui dimora in voi, e non avete bisogno che alcuno v'insegni" (Giovanni 6:45).

Non fate l'errore di credere che ciò escluda la necessità dell'agente umano nell'opera del vangelo. Dio ha stabilito nella chiesa apostoli, profeti, dottori ed altre persone ancora (1 Corinzi 12:28); è lo Spirito di Dio che opera in tutte queste persone. Indipendentemente da chi ognuno ha ricevuto all'inizio la verità, egli deve riceverla come proveniente direttamente dal cielo. Lo Spirito Santo rende le persone che desiderano fare la volontà di Dio capaci di riconoscere quale sia la verità, non appena essi la vedono o l'ascoltano; ed essi l'accettano non in base all'autorità della persona attraverso la quale essa è loro pervenuta, ma in base all'autorità del Dio della verità. Noi possiamo essere altrettanto sicuri della verità che noi deteniamo e insegniamo così come lo era l'apostolo Paolo.

Ma ogniqualvolta una persona cita il nome di un qualche teologo molto stimato per giustificare la sua fede, o per conferire ad essa un'influenza maggiore su qualche altra persona che egli vuol convincere, puoi essere certo che egli stesso non conosce la verità di quel che professa. Quel che professa può essere la verità, ma egli non sa personalmente che è la verità. È privilegio di ognuno conoscere la verità (Giovanni 8:31, 32). E quando uno possiede una verità proveniente direttamente da Dio, diecimila volte diecimila grandi personalità in suo favore non aggiungono il peso di un capello alla sua autorità; così pure, la sua affidabilità non è minimamente scossa se una qualsiasi grande personalità terrena dovesse opporsi ad essa.

## La Rivelazione di Gesù Cristo

Notate come il messaggio di Paolo non sia semplicemente una rivelazione proveniente da Gesù Cristo, ma "la rivelazione di Gesù Cristo". Cristo non ha semplicemente detto qualcosa a Paolo, ma ha rivelato a Paolo Se stesso. Il mistero del vangelo è Cristo nel credente, speranza della gloria (Colossesi 1:25-27). Solo così si può conoscere e far conoscere agli altri la volontà di Dio. Cristo non sta distante, limitandosi a stabilire i princìpi giusti che noi dobbiamo seguire; ma Egli imprime Se stesso in noi, prende possesso di noi, allorquando rinunciamo a noi e ci affidiamo a Lui, e rende manifesta la Sua vita nella nostra carne mortale. Senza questa vita che risplende in noi non può esistere predicazione del vangelo. Gesù fu rivelato in Paolo affinché quel Paolo potesse predicarLo fra i pagani. Egli non doveva predicare a proposito di Cristo, ma doveva predicare Cristo stesso. "Noi non predichiamo noi stessi, ma Cristo Gesù qual Signore". (2 Corinzi 4:5).

Dio aspetta ed è ansioso di rivelare Cristo in ogni uomo. Leggiamo di uomini "che attraverso la loro empietà ed ingiustizia soffocano la verità", e che "quel che si può conoscer di Dio è manifesto in loro, avendolo Iddio manifestato; poiché le perfezioni invisibili di Lui, la Sua eterna potenza e divinità, si vedon chiaramente sin dalla creazione del mondo, essendo intese per mezzo delle opere Sue". (Romani 1:18-20). Cristo è la verità (Giovanni 14:6) ed anche la potenza di Dio (1 Corinzi 1:24), ed Egli è Dio (Giovanni 1:1). Quindi Cristo stesso è la verità che gli uomini "soffocano". Egli è la parola divina di Dio, data agli uomini affinché essi possano adempierla. Vedere Deuteronomio 30:14; Romani 10:6, 8.

Ma in molti uomini Cristo è stato così tanto "soffocato" che è difficile discernerLo in loro. Il fatto stesso che essi vivono costituisce una prova che Cristo li ama e vorrebbe salvarli. Ma Egli attende con molta pazienza il tempo in cui essi riceveranno la parola, ed allora la Sua vita perfetta si manifesterà in loro.

Ciò può aver luogo ora stesso in "chiunque lo desideri", indipendentemente da quanto peccatore e degradato possa essere. Iddio trova piacere a fare questo; smetti quindi di resistere.

**Galati 1:13** Voi avete certamente sentito parlare della mia condotta di un tempo nel giudaismo, come io perseguitassi fieramente la Chiesa di Dio e la devastassi, 14 superando nel giudaismo la maggior parte dei miei coetanei e connazionali, accanito com' ero nel sostenere le tradizioni dei padri. 15 Ma quando Colui che mi scelse fin dal seno di mia madre e mi chiamò con la Sua grazia Si compiacque 16 di rivelare a me Suo Figlio perché lo annunziassi in mezzo ai pagani, subito, senza consultare nessun uomo, 17 senza andare a Gerusalemme da coloro che erano apostoli prima di me, mi recai in Arabia e poi ritornai a Damasco.

Perché Paolo perseguitava con tanta violenza la chiesa e cercava di distruggerla? Egli ci dice che era semplicemente zelante nelle tradizioni dei suoi padri! Davanti ad Agrippa egli disse: "Avevo sì pensato anch'io di dover fare molte cose contro il nome di Gesù il Nazareno. E questo difatti feci a Gerusalemme; e avutane facoltà dai capi sacerdoti serrai nelle prigioni molti de' santi; e quando erano messi a morte, io detti il mio voto. E spesse volte, per tutte le sinagoghe li costrinsi con pene a bestemmiare; e infuriato oltremodo contro di loro, li perseguitai fino nelle città straniere" (Atti 26:9-11).

Paolo pensava che tutto questo zelo forsennato per le tradizioni dei suoi padri significasse "essere zelante per la causa di Dio". (Atti 22:3).

Sembra quasi incredibile che uno che professa di servire il vero Dio possa nutrire tali idee false a Suo proposito, fino a credere che Egli gradisca un servizio del genere; e tuttavia questo acerrimo ed implacabile persecutore dei Cristiani avrebbe potuto dire diversi anni dopo: "Fino a questo giorno, mi son condotto dinanzi a Dio in tutta buona coscienza". (Atti 23:1). Sebbene cercasse di far tacere la convinzione crescente che prendeva possesso di lui mentre era testimone della pazienza dei Cristiani ed ascoltava le loro testimonianze della verità mentre morivano, Saulo non soffocava deliberatamente la sua coscienza. Al contrario, egli faceva il possibile per preservare una buona coscienza! Gli avevano insegnato così profondamente le tradizioni farisaiche da essere sicuro che queste convinzioni inopportune dovevano essere suggerimenti di uno spirito malvagio, che egli era in dovere di eliminare. Così per un certo tempo le convinzioni dello Spirito di Dio lo condussero a raddoppiare il suo zelo contro i Cristiani. Fra tutte le persone del mondo Saulo, colui che si definiva un fariseo giusto, non aveva alcuna inclinazione in favore del Cristianesimo. Egli era veramente un giovane promettente, che i capi Ebrei consideravano con orgoglio e speranza, confidando che avrebbe contribuito parecchio al ristabilimento della nazione e della religione Ebraica nella loro grandezza primitiva. Davanti a Saulo si apriva un futuro promettente dal punto di vista umano. "Ma le cose che m'eran guadagni, io le ho reputate danno a cagion di Cristo ... per il Quale rinunziai a tutte codeste cose". (Filippesi 3:7, 8).

Ma il Giudaismo non era la religione di Dio e di Gesù Cristo; era tradizione umana. Molti commettono un grave errore considerando il Giudaismo" come la religione dell'Antico Testamento. L'Antico Testamento non insegna il Giudaismo, analogamente a come il Nuovo Testamento non insegna il Cattolicesimo Romano. La religione dell'Antico Testamento è la religione di Gesù Cristo.

Quando Paolo era "nel Giudaismo" non credeva nell'Antico Testamento, che egli leggeva ed ascoltava giornalmente, poiché non lo comprendeva; se l'avesse compreso egli avrebbe prontamente creduto a Cristo. "Poiché gli abitanti di Gerusalemme e i loro capi, avendo disconosciuto questo Gesù e le dichiarazioni de' profeti che si leggono ogni sabato, le adempirono, condannandoLo". (Atti 13:27).

Le tradizioni dei padri condussero a trasgredire i comandamenti di Dio (Matteo 15:3). Dio disse, parlando del popolo Ebraico: "Questo popolo Mi onora con le labbra, ma il cuor loro è lontano da Me. Ma invano Mi rendono il loro culto, insegnando dottrine che son precetti d'uomini" (vv. 8, 9). Gesù non ebbe parole di condanna per Mosè e per quel che scrisse Mosè. Egli disse agli Ebrei: "Perché se credeste a Mosè, credereste anche a Me; poiché egli ha scritto di Me". (Giovanni 5:46). Tutto quello che gli scribi leggevano ed ordinavano dai suoi scritti doveva essere seguito; ma l'esempio dei lettori doveva essere rifiutato, poiché essi non obbedivano alle Scritture. Cristo disse di loro: "Difatti, legano de' pesi gravi e li mettono sulle spalle della gente. Ma loro non li voglion muovere neppure col dito". (Matteo 23:4).

Questi non erano comandamenti di Dio, poiché "i Suoi comandamenti non sono gravosi". (1 Giovanni 5:3); e i carichi gravosi non erano dati da Cristo, poiché il Suo "carico è leggero". (Matteo 11:30). Questi maestri Giudaizzanti non presentavano ai nuovi convertiti la Bibbia o qualche parte di essa, e non cercavano di far loro seguire le scritture composte da Mosè. Lontano dal fare ciò! Essi li allontanavano dalla Bibbia, e sostituivano ai suoi insegnamenti dei comandamenti fatti da uomini. Questo fu quel che fece sorgere lo spirito persecutore di Paolo.

Sulla via di Damasco, "tuttora spirante minaccia e strage", Saulo procedeva con piena autorità per arrestare e gettare in prigione tutti i Cristiani, uomini e donne, quando fu improvvisamente fermato non da mani umane, ma dalla gloria superiore del Signore. Tre giorni dopo il Signore disse ad Anania, mandandolo da Saulo per ridargli la vista: "Egli è uno strumento che ho eletto per portare il Mio nome davanti ai gentili" (Atti 9:15).

Quanto tempo prima che questo avvenisse Saulo era stato scelto per essere il messaggero del Signore? Lui stesso ci dice: "Prima che nascessi". Egli non è il primo di coloro di cui leggiamo che erano stati scelti prima della loro nascita in vista dell'opera che avrebbero dovuto eseguire durante la loro vita. Ricorda il caso di Sansone (Giudici 3). Giovanni Battista fu nominato, ed il suo carattere e l'opera della sua vita descritti, diversi mesi prima che nascesse. Il Signore disse a Geremia: "Prima che ti avessi formato nel seno di tua madre, Io t'ho conosciuto; e prima che tu uscissi dal suo seno, Io t'ho consacrato e t'ho costituito profeta delle nazioni". (Geremia 1:5). Il re pagano Ciro era stato chiamato per nome più di cento anni prima di nascere, e la parte che egli avrebbe avuto nell'opera di Dio era stata presentata allora (Isaia 44:28; 45:1–4).

Questi non sono casi isolati. Ciò è vero per tutti gli uomini, così come lo fu per i Tessalonicesi, che Dio "fin dal principio aveva eletti a salvezza mediante la santificazione nello Spirito e la fede nella verità" (2 Tessalonicesi 2:13). Spetta a ciascuno di rendere reale l'appello e l'elezione. E Colui che "vuole che tutti gli uomini siano salvati e vengano alla conoscenza della verità" (1 Timoteo 2:3, 4) ha inoltre affidato ad ogni uomo il suo compito (Marco 13:34). Così Colui che non ha lasciato Se stesso senza testimoni neanche nella creazione inanimata, desidera che l'uomo, la Sua più sublime creazione terrestre, renda volontariamente questa testimonianza di Lui così come solo un'intelligenza umana può farlo.

Tutti gli uomini sono eletti a testimoniare per Dio, e ad ognuno è affidato il suo compito. Lo Spirito lotta con ogni uomo durante tutta la sua vita per indurlo a consentire di essere usato per l'opera cui il Signore l'ha appellato. Solo il giorno del giudizio rivelerà quante occasioni meravigliose gli uomini hanno irresponsabilmente sprecato. Saulo, il persecutore violento, diventò l'apostolo autorevole. Chi può immaginare quanto bene potrebbe essere stato fatto da altri uomini il cui potere influente su altri uomini è stato esercitato solo per fare il male, se anche loro avessero assecondato l'influenza dello Spirito Santo? Non tutti possono essere un Paolo; ma la verità per la quale ognuno, in rapporto con l'abilità che Dio gli ha dato, è scelto e chiamato da Dio a testimoniare, darà un nuovo significato alla vita.

Che pensiero meraviglioso, gioioso, e tuttavia solenne, quando noi vediamo gli uomini indaffarati, che ad ognuno di essi Dio ha affidato un'opera particolare da compiere! Essi sono tutti servi dell'Altissimo, ad ognuno essendo affidato un servizio speciale. Noi dovremmo essere estremamente cauti a non ostacolare minimamente nessuno che esegue il suo compito affidatogli dal cielo.

Siccome è Dio che affida ad ogni uomo la sua opera, ognuno deve ricevere i suoi ordini da Dio, e non dagli uomini. Dovremmo quindi guardarci dal dettare agli uomini relativamente al loro dovere: Dio lo può chiarire a loro così come lo può chiarire a noi; e se loro non l'ascolteranno, non ascolteranno nemmeno noi, anche se ci rivolgiamo loro nel modo giusto. "Non è in poter dell'uomo che cammina il dirigere i suoi passi", (Geremia 10:23), e tanto meno di dirigere i passi di un altro uomo.

## Consultando la Carne e il Sangue

Paolo non andò a Gerusalemme se non tre anni dopo la sua conversione, ed allora vi rimase solo quindici giorni e incontrò solo due apostoli. I fratelli avevano paura di lui, e dapprima non vollero credere che fosse un discepolo. È quindi evidente che egli non aveva ricevuto il vangelo da nessun uomo.

C'è molto da imparare dal fatto che Paolo non ha interrogato la carne e il sangue. Più precisamente, egli non ebbe bisogno di farlo, dato che possedeva la parola stessa di Dio. Ma il suo modo di procedere indubbiamente non è comune. Per esempio, un uomo legge una cosa nella Bibbia, poi deve chiedere l'opinione di qualcun altro prima di osare di crederla. Se nessuno dei suoi amici crede ad essa egli ha paura ad accettarla. Se il suo pastore, o qualche commentario, discredita il testo, allora egli lo scarta. La carne e il sangue hanno il sopravvento sullo Spirito e sulla Parola.

Può darsi che il comandamento sia così chiaro, per cui non c'è motivo plausibile per chiedere l'avviso di un'altra persona. La domanda che segue è allora la seguente: "Posso permettermi di farlo? Non mi costerà un sacrificio troppo grande?" La "carne e il sangue" più pericolosi che uno possa interrogare sono la propria carne e il proprio sangue. Non basta essere indipendenti dagli altri; in materia di verità l'uomo deve essere indipendente dal proprio io. "Confidati nell'Eterno con tutto il cuore, e non t'appoggiare sul tuo discernimento" (Proverbi 3:5).

Un papa è una persona che pretende di occupare il posto di consigliere che spetta di diritto a Dio solo. L'uomo che fa se stesso papa in base al suo proprio consiglio è altrettanto cattivo quanto l'uomo che detta ad un altro, ed è più facile che si smarrisca che non l'uomo che segue un altro papa, invece di seguire il papa che egli ha fatto di se stesso. Se uno deve proprio seguire un papa, sarebbe più logico per lui accettare il papa di Roma, perché egli ha più esperienza di qualsiasi altra persona, relativamente alla funzione di papa.

Ma non è necessario alcun papa, poiché disponiamo della parola di Dio. Quando Dio parla, la saggezza impone di obbedire subito senza chieder consiglio nemmeno al proprio cuore. Il nome del Signore è "Consigliere" (Isaia 9:5), ed Egli è "ammirabile" nei Suoi consigli. Ascoltatelo!

## "Immediatamente"

Paolo non perse tempo. Quando perseguitava la chiesa, credeva di servire Dio, e nel momento in cui si rese conto del suo errore egli fece dietro front. Quando vide Gesù di Nazareth, egli Lo riconobbe come suo Signore, ed immediatamente gridò: "Signore, cosa devo fare?" Egli fu pronto a mettersi all'opera nel modo giusto, ed immediatamente. Potesse ognuno dire fiduciosamente: "Mi sento affrettato, e non ho indugiato ad osservare i Tuoi comandamenti". (Salmo 119:60). "Io correrò per la via dei Tuoi comandamenti" (v. 32).

Paolo dice che Cristo gli era stato rivelato affinché potesse predicarLo fra i gentili, cioè i pagani. In 1 Corinzi 12:2 leggiamo: "Voi sapete che quando eravate gentili eravate trascinati dietro agl'idoli muti, secondo che vi si menava". Notate come i Corinzi fossero "gentili;" essi cessarono di esserlo per diventare Cristiani!

"Dio ha primieramente visitato i gentili, per trarre da questi un popolo per il Suo nome". (Atti 15:14). E Giacomo si riferì ai credenti di Antiochia e di altri posti come a "quelli dei gentili che si convertono a Dio". (v. 19). Il popolo di Dio viene fatto uscire dai gentili, ma uscendo da essi cessa di far parte dei gentili. Abramo, il padre di Israele, fu fatto uscire dai gentili. È così che "tutto Israele sarà salvato", quando sarà "entrata la pienezza dei gentili". (Romani 11:25, 26).

Il Signore era altrettanto ansioso per la conversione dei gentili tremila anni fa così come lo è oggi. Il vangelo è stato predicato loro avanti la prima venuta di Cristo così com'è stato predicato loro in seguito. Il Signore si è fatto conoscere alle nazioni attraverso molte vie. Geremia fu scelto in modo speciale come profeta per i gentili, o pagani. "Prima ch'Io ti avessi formato nel seno di tua madre, Io t'ho conosciuto; e prima che tu uscissi dal suo seno, Io t'ho consacrato e t'ho costituito profeta delle nazioni". (Geremia 1:5). La parola ebraica da cui è stata tradotta la parola "nazioni" è precisamente la stessa che normalmente viene tradotta con "pagani". Non dica nessuno che Dio abbia riservato la Sua verità ad un certo popolo, sia esso Ebreo che gentile. "Poiché non v'è distinzione fra Giudeo e Greco; perché lo stesso Signore è Signore di tutti, ricco verso tutti quelli che Lo invocano". (Romani 10:12).

## La Predicazione del Neoconvertito

Non appena Paolo si convertì, "subito si mise a predicar che Gesù è il Figliuol di Dio". (Atti 9:20). Non fu cosa meravigliosa che egli fu immediatamente capace di predicare con tanto potere? Veramente, è cosa meravigliosa in qualunque uomo che predica Cristo. Ma non crediate che Paolo abbia acquisito istantaneamente tale conoscenza, senza nessuno studio. Ricordate come durante tutta la sua vita egli fosse stato ricercatore diligente delle Scritture. Paolo, che aveva più conoscenze di qualsiasi altra persona della sua età, era famigliare con le parole della Bibbia, così come uno scolaro diligente è famigliare con la tabella delle moltiplicazioni. Ma la sua mente era stata accecata dalle tradizioni dei padri, che le erano state insegnate contemporaneamente. La cecità che lo colpì quando la luce risplendette attorno a lui sulla via di Damasco non era altro che un'immagine della cecità della sua mente; e quella sorta di scaglie che caddero dai suoi occhi quando Anania gli parlò indicavano il risplendere della parola dentro di lui, e la liberazione dalle tenebre della tradizione.

Possiamo essere certi che siccome la predicazione è stata la sua occupazione durante tutta la sua vita, egli non impiegò tutto il tempo in cui rimase in Arabia nello studio e nella contemplazione. Egli era stato un persecutore così accanito ed aveva ricevuto tanto abbondantemente la grazia di Dio, che considerava come perduto il tempo durante il quale non poteva rivelare ad altri la grazia, avendo in mente una sola cosa: "Guai a me, se non evangelizzo!" (1 Corinzi 9:16). Appena fu convertito egli predicò nelle sinagoghe di Damasco, prima di andare in Arabia. Quindi è certamente naturale concludere che egli predicò il vangelo agli Arabi. Là egli poteva predicare senza l'opposizione che aveva sempre incontrato predicando fra gli Ebrei, quindi le sue fatiche non interferivano tanto sulla sua meditazione sui nuovi orizzonti che si erano appena aperti davanti a lui.

**Galati 1:18 In seguito, dopo tre anni andai a Gerusalemme per consultare Cefa, e rimasi presso di lui quindici giorni; 19 degli apostoli non vidi nessun altro, se non Giacomo, il fratello del Signore. 20 In ciò che vi scrivo, io attesto davanti a Dio che non mentisco. 21 Quindi andai nelle regioni della Siria e della Cilicia. 22 Ma ero sconosciuto personalmente alle chiese della Giudea che sono in Cristo; 23 soltanto avevano sentito dire: "Colui che una volta ci perseguitava, va ora annunziando la fede che un tempo voleva distruggere". 24 E glorificavano Dio a causa mia.**

Che nessuno consideri alcun avversario del vangelo come incorreggibile. Coloro che manifestano opposizione vanno istruiti con dolcezza, poiché, chi sa se Dio non darà loro il ravvedimento, e se essi non riconosceranno la verità?

Qualcuno avrebbe potuto dire di Paolo: "Egli ha ricevuto la luce altrettanto chiaramente come qualsiasi uomo può riceverla. Egli ha avuto ogni occasione; egli ha udito non solo la testimonianza ispirata di Stefano, ma ha udito le confessioni di molti martiri in punto di morte. È un disgraziato incallito dal quale invano ci attendiamo qualcosa di buono". Tuttavia quello stesso Paolo è diventato il più grande predicatore del vangelo, nonostante ne fosse stato il più aspro persecutore.

Conoscete un perfido avversario della verità? Non lottate contro di lui, e non rimproveratelo. Lasciatelo solo, con tutta la sua amarezza e il suo spirito di lotta, mentre voi vi attenete alla parola di Dio e alla preghiera. Potrebbe non passare molto tempo fino a quando Dio, che è adesso da lui bestemmiato, sarà glorificato in lui.

## Glorificando Dio

Quanto diverso è il caso di Paolo da quelli di cui egli disse: "Il nome di Dio, per cagion vostra, è bestemmiato fra i gentili" (Romani 2:24). Chiunque professi essere un discepolo di Dio dovrebbe costituire uno strumento per portare gloria al Suo nome; tuttavia molti fanno sì che esso sia bestemmiato. Come possiamo fare in modo che il Suo nome sia glorificato? "Così risplenda la vostra luce nel cospetto degli uomini, affinché veggano le vostre buone opere e glorifichino il Padre vostro che è né cieli". (Matteo 5:16).

*Note del Lettore*

# Galati Capitolo 2

## Vivere Attraverso la Fede di Cristo

Molti leggono questo breve libro non per la curiosità di vedere quel che pensa un'altra persona relativamente alla lettera ai Galati, ma per trovare un aiuto efficace per comprendere questa porzione della Scrittura che è stata così tanto dibattuta. Prima di andare avanti vorrei fare ad ognuno di voi un piccolo discorso.

Ogni porzione della Bibbia è connessa con qualsiasi altra porzione; appena noi abbiamo acquisito una conoscenza profonda riguardo un soggetto, facendolo divenire parte di noi stessi, esso ci accompagna e ci aiuta nella ricerca che ha come scopo il raggiungimento di una conoscenza *maggiore*, nello stesso modo come ogni boccone di cibo che noi mangiamo ed assimiliamo ci aiuta nel nostro lavoro volto ad ottenere il nostro pane quotidiano. Se quindi procediamo nel modo giusto nello studio dell'epistola ai Galati, noi avremo dischiuso una larga porta per accedere a *tutta* la Bibbia.

La via che porta alla conoscenza è così semplice che molti la disprezzano. Essa è una strada maestra aperta a tutti: "Figliuol mio, se *ricevi* le mie parole e *serbi* con cura i miei comandamenti, *prestando orecchio* alla sapienza e *inclinando il cuore* all'intelligenza, sì, se chiami il discernimento e *rivolgi la tua voce* all'intelligenza se la *cerchi* come l'argento e ti dai a scavarla come un tesoro, allora intenderai il timor dell'Eterno ... Poiché l'Eterno dà la sapienza; dalla Sua bocca procedono la scienza e l'intelligenza". (Proverbi 2:1-6).

Dio apparve in sogno a Salomone e gli promise di dargli la saggezza; ma la saggezza non arrivò tramite un sogno ozioso. Salomone non andò a dormire risvegliandosi poi per scoprire che era diventato l'uomo più saggio che fosse mai esistito. Egli anelava così tanto a ricevere la conoscenza fino a sognare proprio di essa durante la notte; ma egli *durante il giorno si adoperò per acquisirla.*

Se vuoi comprendere la Parola di Dio, studiala. Nessun uomo sulla terra può darti la sua conoscenza. Un altro uomo può comunicarti quel che conosce, cosicché tu non impiegherai per acquisire quella conoscenza tutto il tempo che è stato necessario per lui; egli può indicarti come e dove cercare; ma ognuno deve acquisire da se stesso la propria conoscenza. Se tu hai viaggiato in una certa strada mille volte, conoscerai ogni sua curva e potrai rievocare nella tua mente tutta la strada. Così, dopo che tu hai meditato ripetutamente su una certa porzione della Scrittura, sarai infine capace di avere istantaneamente una visione d'insieme di quella porzione, e di ogni singolo enunciato che vi si trova. E quando tu potrai fare questo riconoscerai in quella porzione quel che nessun altro uomo sulla terra è in grado di dirti.

**Galati 2:1 O stolti Gàlati, chi mai vi ha ammaliati, proprio voi agli occhi dei quali fu rappresentato al vivo Gesù Cristo crocifisso? 2 Questo solo io vorrei sapere da voi: è per le opere della legge che avete ricevuto lo Spirito o per aver creduto alla predicazione? 3 Siete così privi d' intelligenza che, dopo aver incominciato con lo Spirito, ora volete finire con la carne?**

"Passati quattordici anni", seguendo il corso naturale della narrazione, significa quattordici anni dopo la visita di Galati 1:18, che avvenne tre anni dopo la conversione di Paolo. Questa visita avvenne quindi diciassette anni dopo la sua conversione, cioè circa nel 51 D. C., che coincide col concilio di Gerusalemme, di cui è riferito in Atti 15. Il secondo capitolo di Galati tratta di quel concilio e di quel che da esso si sviluppò.

Nel primo capitolo ci viene detto che certuni tormentavano i fratelli pervertendo il vangelo di Cristo, presentando un falso vangelo, e pretendendo che questo fosse quello vero. Leggiamo in Atti 15:1 che "alcuni, discesi dalla Giudea, insegnavano ai fratelli: 'Se voi non siete circoncisi secondo il rito di Mosè, non potete esser salvati'". Questo era il "vangelo diverso" (che non era "un altro", poiché ne esiste solo uno), che veniva spacciato ai fratelli come il vero vangelo.

Paolo e Barnaba non lasciarono alla nuova predicazione nemmeno la più piccola possibilità di prendere radici, ma vi si opposero "affinché la verità del vangelo rimanesse ferma tra voi". (Galati 2:5). I due apostoli ebbero "una non piccola dissensione e controversia" con quei fratelli (Atti 15:2). La controversia era a proposito del vero vangelo e di una sua contraffazione.

## Una Negazione di Cristo

Uno sguardo all'esperienza della chiesa di Antiochia, alla quale veniva recato il nuovo vangelo, vi mostrerà che esso negava nel modo più diretto il potere che Cristo ha di salvare.

Il vangelo era stato portato loro per la prima volta dai fratelli dispersi a seguito della persecuzione che seguì la morte di Stefano. Questi fratelli arrivarono ad Antiochia "annunziando il Signor Gesù. E la mano del Signore era con loro; e gran numero di gente, avendo creduto, si convertì al Signore". (Atti 11:20, 21). Della chiesa facevano parte anche profeti e maestri; e mentre essi servivano il Signore e digiunavano, lo Spirito Santo li ispirò a "mettere a parte" Barnaba e Saulo per l'opera alla quale Egli li aveva chiamati (Atti 13:1–3). Quella chiesa aveva molta esperienza delle cose riguardanti Dio. Essi erano in intimità col Signore e con la voce dello Spirito Santo.

Ed ora, dopo tutto questo, questi uomini dissero: "Se voi non siete circoncisi secondo il rito di Mosè, non potete esser salvati". Ciò voleva praticamente dire: Tutta la vostra fede in Cristo e tutta la testimonianza dello Spirito non rappresentano niente senza il segno della circoncisione. Il segno della circoncisione senza la fede venne esaltato al di sopra della fede in Cristo non accompagnata da un segno esteriore. Il nuovo "vangelo" era un assalto diretto contro il vero vangelo e un rinnego evidente di Cristo.

Non c'è da meravigliarsi che Paolo avesse definito "falsi fratelli" coloro che si erano infiltrati con queste dottrine:

> Galati 2:4 Tante esperienze le avete fatte invano? Se almeno fosse invano! — 5 Colui che dunque vi concede lo Spirito e opera portenti in mezzo a voi, lo fa grazie alle opere della legge o perché avete creduto alla predicazione?

Nel primo capitolo Paolo aveva detto che questi falsi fratelli "vi turbano e vogliono sovvertire l'evangelo di Cristo". (v. 7). Nelle loro lettere alle chiese gli apostoli e gli anziani dissero a proposito di questi uomini: "Abbiamo udito che alcuni, partiti di fra noi, vi hanno turbato coi loro discorsi, sconvolgendo le anime vostre, benché non avessimo dato loro mandato di sorta". (Atti 15:24).

Da allora vi sono state tante altre persone del genere. Quest'opera era tanto viziosa che l'apostolo disse di uno che vi si era dedicato: "Sia egli anatema". (Galati 1:8, 9). Questi predicatori cercavano deliberatamente di minare il vangelo di Cristo, distruggendo così i credenti.

Questi falsi fratelli avevano detto: "Se voi non siete circoncisi secondo il rito di Mosè, non potete esser salvati" (letteralmente, non avete il potere di essere salvati). Essi avevano reso la salvezza un affare unicamente umano, derivante solo dal potere umano. Essi non sapevano che cosa fosse effettivamente la circoncisione: "Poiché Giudeo non è colui che è tale all'esterno; né è circoncisione quella che è esterna, nella carne; ma Giudeo è colui che lo è interiormente; e la circoncisione è quella del cuore, in spirito, non in lettera; d'un tal Giudeo la lode procede non dagli uomini, ma da Dio". (Romani 2:28, 29).

Ci fu un tempo, dopo che Abramo aveva creduto a Dio, in cui egli obbedì alla voce di Sara, invece che a Dio, e cercò di adempiere le promesse di Dio col potere della sua propria carne (vedere Genesi 16). Il risultato fu un fallimento – uno schiavo, in luogo di un erede. Poi Dio gli apparve di nuovo, esortandolo a camminare al Suo cospetto di tutto cuore, e ripeté il Suo patto. A ricordo del suo fallimento e del fatto che "la carne non giova nulla", Abramo ricevette il segno della circoncisione, un pezzo di carne tagliato via. Ciò allo scopo di mostrare che siccome nella carne "non v'è nulla di buono" le promesse di Dio si possono realizzare unicamente buttando via i peccati della carne. "Poiché i veri circoncisi siamo noi, che offriamo il nostro culto per mezzo dello Spirito di Dio, che ci gloriamo in Cristo Gesù, e non ci confidiamo nella carne". (Filippesi 3:3).

Abramo fu dunque circonciso *veramente* quando ricevette lo Spirito attraverso la fede in Dio. "Poi ricevette il segno della circoncisione, qual suggello della giustizia ottenuta per la fede che aveva quand'era incirconciso" (Romani 4:11). La circoncisione esteriore non è mai stata niente di più che un segno della circoncisione autentica *del cuore*: Quando questa era assente il segno era una frode; ma quando c'era la vera circoncisione si poteva fare a meno del segno. Abramo è "il padre di tutti quelli che credono essendo incirconcisi". (Romani 4:11). I "falsi fratelli" stavano sostituendo la realtà col segno, privo di ogni contenuto. Per loro il guscio della noce, privo del gheriglio, contava più del gheriglio senza il guscio.

Gesù disse: "È lo Spirito quel che vivifica; la carne non giova nulla; le parole che vi ho dette sono spirito e vita". (Giovanni 6:63). Gli uomini di Antiochia e della Galazia avevano confidato in Dio per la loro salvezza; ma ora vi erano certuni che cercavano di indurli a confidare nella carne. Questi non dissero loro che erano liberi di peccare. Oh, no; essi dissero loro che dovevano obbedire alla legge! Ma questo essi dovevano farlo da se stessi; essi dovevano rendere se stessi giusti senza Gesù Cristo. La circoncisione rappresentava la prova dell'osservanza della legge. Ma la *vera* circoncisione era la legge scritta nel cuore dallo Spirito; e questi "falsi fratelli" volevano che i credenti confidassero nella forma *esteriore* della circoncisione, come sostituto dell'opera dello Spirito. Quel che era stato dato come segno della giustificazione per fede divenne solo un segno della giustizia propria. I "falsi fratelli" volevano che essi si circoncidessero per ottenere la giustificazione e la salvezza; ma "col cuore si crede per ottener la giustizia". (Romani 10:10). E "tutto quello che non vien da convinzione [credere col cuore] è peccato". (Romani 14:23). Quindi, per seri e sinceri che essi siano, tutti gli sforzi che gli uomini fanno per osservare la legge di Dio tramite il loro potere non possono avere altro risultato che l'imperfezione—il peccato.

Quando la questione venne portata a Gerusalemme, Pietro disse a coloro che pretendevano essere giustificati attraverso le loro proprie opere, invece che per fede in Cristo: "Perché dunque tentate adesso Iddio mettendo sul collo de' discepoli un giogo che né i padri nostri né noi abbiam potuto portare?" (Atti 15:10).

Quel giogo era un giogo di schiavitù, come viene mostrato dalle parole di Paolo, secondo cui i "falsi fratelli" si erano intrufolati "per spiare la libertà che abbiamo in Cristo Gesù, col fine di ridurci in schiavitù". (Galati 2:4). Cristo offre libertà dal peccato. La Sua vita è "la legge perfetta della libertà". "Mediante la legge è data la conoscenza del peccato", (Romani 3:20), ma non la libertà di peccare. "La legge è santa, e il comandamento è santo e giusto e buono", (Romani 7:12), poiché condannando il peccato fornisce la conoscenza del peccato. È un segnale che indica la via, ma essa non ci porta. Essa può avvisarci che siamo fuori via, ma solo Gesù Cristo può farci marciare in essa, perché Egli è la via. Il peccato è schiavitù. Solo coloro che osservano i comandamenti di Dio sono in libertà (Salmo 119:45); e i comandamenti possono essere osservati unicamente per fede in Cristo (Romani 8:3, 4).

Perciò chiunque induce gli uomini a confidare nella legge della giustizia senza Cristo mette semplicemente su di essi un giogo e li lega in schiavitù. Quando un uomo accusato dalla legge viene gettato in prigione, egli non può essere liberato dalla sua catena dalla legge che lo tiene là prigioniero. Ma questo non è per colpa della legge. Proprio perché è una legge buona essa non può dire che un uomo colpevole è innocente.

L'apostolo dice di aver resistito alla dottrina falsa che stava ingannando i fratelli galati affinché "la verità del vangelo possa essere preservata per voi". È evidente che questa lettera non contiene nient'altro che il vangelo nella sua forma espressiva più forte. Molti l'hanno fraintesa e non hanno tratto da essa alcun vantaggio personale, poiché credevano che non fosse altro che un aiuto per la "lotta riguardo la legge", contro la quale Paolo stesso aveva avvertito i fratelli.

**Galati 2:6 Da parte dunque delle persone più ragguardevoli—quali fossero allora non m' interessa, perché Dio non bada a persona alcuna—a me, da quelle persone**

ragguardevoli, non fu imposto nulla di più. 7 Anzi, visto che a me era stato affidato il vangelo per i non circoncisi, come a Pietro quello per i circoncisi

Gli Atti degli Apostoli ci riferiscono che ad Antiochia fu stabilito che Paolo e Barnaba ed alcuni altri andassero a Gerusalemme per discutere sul soggetto. Ma Paolo dice che egli vi andò "in seguito ad una rivelazione". (Galati 2:2). Egli non vi andò semplicemente a motivo della loro raccomandazione, ma lo stesso Spirito aveva ispirato sia lui che gli altri. Egli non vi andò per imparare la verità del vangelo, ma per conservarlo nella sua purità; non per scoprire che cosa sia veramente il vangelo, ma per comunicare ciò che aveva predicato fra i pagani. Coloro che erano importanti nella riunione non gl'insegnarono niente. Egli non aveva ricevuto il vangelo da alcun uomo e non aveva bisogno di ricevere la testimonianza di nessuno per sapere che esso era autentico. Quando Dio ha parlato, la conferma da parte di un uomo costituisce un'impertinenza. Il Signore sapeva che a Gerusalemme i fratelli avevano bisogno della sua testimonianza, e i nuovi convertiti avevano bisogno di sapere che coloro che erano stati mandati da Dio proferivano le parole di Dio, e quindi proferivano tutti la stessa cosa. Essi avevano bisogno della certezza che così come si erano convertiti da "molti dei" per servire l'unico Dio, anche la verità è unica, e che non esiste che un unico vangelo per tutti gli uomini.

## Il Vangelo Non È Magia

In questo mondo non esiste niente che possa infondere negli uomini grazia e giustificazione, e nessuna opera compiuta da qualsiasi uomo può fargli ottenere la salvezza. Il vangelo, e non il potere dell'uomo, è potenza di Dio per la salvezza. Ogni insegnamento che conduca gli uomini a confidare in un oggetto, sia esso un'immagine, una pittura, o qualsiasi altra cosa, o a confidare per la salvezza in qualsiasi opera o sforzo compiuto da noi stessi, anche se tale sforzo dovesse essere diretto verso l'oggetto più meritevole di lode che esista, è una perversione della verità del vangelo—è un vangelo falso. Non esiste nella chiesa di Cristo alcun "sacramento" che attraverso una sorta di opera magica conferisca una grazia speciale a colui che lo riceve; ma ci sono delle opere che un uomo che crede nel Signore Gesù Cristo, e che è quindi giustificato e salvato, può fare come espressione della sua fede. "Perché gli è per grazia che voi siete stati salvati; e ciò non vien da voi; è il dono di Dio. Non è in virtù d'opere, affinché niuno si glori; perché noi siamo fattura di Lui, essendo stati creati in Cristo Gesù per le buone opere, le quali Iddio ha innanzi preparate affinché le pratichiamo". Efesini 2:8–10. Questa è "la verità del vangelo", che era difesa da Paolo. Si tratta del vangelo per tutti i tempi.

## Nessun Monopolio della Verità

Non c'è sulla terra alcun uomo o gruppo di uomini che detenga il monopolio della verità – un recesso esclusivo, per così dire, cui debba rivolgersi chiunque desideri la verità. La verità non dipende dagli uomini. La verità è di Dio; perché Cristo, che è lo splendore della Sua gloria e l'impronta della Sua essenza (Ebrei 1:3) è la verità (Giovanni 14:6). Chiunque riceve la verità deve riceverla da Dio, e non da un uomo, chiunque egli sia, così come Paolo ha ricevuto il vangelo. Dio può usare gli uomini, e così Egli fa, come strumenti o canali, ma solo Lui è il Dispensatore. Per stabilire quale sia la verità non hanno alcuna importanza né nomi né numeri. Essa non è più potente, né deve essere accettata più prontamente, quando è presentata da diecimila prìncipi invece che da un unico uomo che opera in tutta umiltà. E non c'è motivo di presumere che la probabilità che diecimila uomini detengano la verità sia superiore alla probabilità che un singolo uomo la detenga. Ogni uomo sulla terra può possedere la porzione di verità che egli è disposto ad usare, e non di più (vedere Giovanni 7:17; 12:35, 36). Chi vuole comportarsi come un papa, presumendo di detenere il monopolio della verità, e costringendo gli uomini a rivolgersi a lui per ottenerla, e offrendola in un luogo, mentre rifiuta di offrirla in altro luogo, perde tutta la verità che abbia mai avuto (ammesso che ne abbia mai posseduto alcuna parte). La verità e il modo di agire come un papa non possono mai coesistere; nessun papa, od individuo che agisca come un papa, ha la verità. Non appena un uomo riceve la verità, egli cessa di essere un papa. Se il papa di Roma dovesse convertirsi e diventare discepolo di Cristo, in quel momento stesso abbandonerebbe il soglio papale.

Così come non esiste uomo che possieda il monopolio della verità, così pure non esiste luogo in cui gli uomini debbano necessariamente recarsi per poterla trovare. I fratelli di Antiochia non avevano bisogno di andare a Gerusalemme per conoscere la verità, o per scoprire se quella che essi possedevano fosse la verità autentica. Il fatto che la verità fosse stata proclamata per la prima volta in un certo luogo non dimostra che essa possa essere trovata solo là, o che essa si trovi effettivamente là. In effetti, gli ultimi posti al mondo in cui recarsi con la speranza di trovarvi o di imparare la verità sono le città in cui il vangelo vi era stato predicato nei primi secoli dopo Cristo, come Gerusalemme, Antiochia, Roma o Alessandria.

Il papato nacque, almeno in parte, in questo modo. Si presumeva che i luoghi in cui gli apostoli, od alcuni di loro, avevano predicato dovessero possedere la verità nella sua purezza, e che tutti gli uomini dovessero prelevarla da tali luoghi. Si presumeva pure che gli abitanti di una città dovessero possedere una conoscenza della verità superiore rispetto alla gente di campagna e a coloro che abitano in villaggi. Avvenne così che da una situazione agli albori del cristianesimo in cui tutti i vescovi erano su un livello di uguaglianza si passò ben presto ad una situazione in cui i "vescovi di campagna" (*chorepiscopoi*) erano classificati come secondari rispetto a quelli che officiavano nelle città. Una volta che questo spirito si fu insinuato, il passo successivo fu necessariamente una lotta fra i vescovi delle città per stabilire quale dovesse essere maggiore; e la lotta tutt'altro che santa continuò fino a quando Roma conquistò l'agognato titolo di potere.

Ma Gesù era nato a Betlemme, una località che era "piccola per esser tra i migliai di Giuda", (Michea 5:1), e per quasi tutta la Sua vita visse in una piccola città di così cattiva reputazione, che un uomo in cui non v'era alcuna colpa disse: "Può forse venir qualcosa di buono da Nazaret?" (Vedere Giovanni 1:45–47). In seguito Gesù abitò nella ricca città di Capernaum, ma continuava ad essere conosciuto come "Gesù di Nazaret". Il più piccolo villaggio, od anche la più piccola capanna solitaria della campagna, non sono più lontani dal cielo che la più grande città o il palazzo del vescovo. E Dio, "chè l'Alto, l'Eccelso, che abita l'eternità, e che ha nome 'il Santo'", abita con colui che è di spirito contrito e umile (Isaia 57:15).

## Le Apparenze Non Sono Nulla

Dio considera quel che è l'uomo, e non la sua reputazione. Quel che l'uomo è reputato essere dipende in gran parte dagli occhi di colui che l'osserva; quel che egli è dimostra la misura in cui il potere e la saggezza di Dio dimorano in lui. Dio non dà alcuna importanza alla posizione ufficiale che detiene l'uomo. Non è la posizione che conferisce autorità, ma è l'autorità quella che conferisce la posizione effettiva. Molti uomini umili e poveri su questa terra, senza alcun titolo da aggiungere al proprio nome, hanno occupato una posizione effettivamente superiore e di maggior autorità di quella di tutti i re della terra. L'autorità è la presenza libera, senza restrizioni di Dio nell'anima.

**Galati 2:8 poiché colui che aveva agito in Pietro per farne un apostolo dei circoncisi aveva agito anche in me per i pagani,**

La parola di Dio è vivente ed attiva, efficace (Ebrei 4:12). Qualsiasi attività ci sia nel lavoro del vangelo, se qualche opera viene fatta, essa è interamente realizzata per merito di Dio. Gesù "è andato attorno facendo del bene", "perché Iddio era con Lui" (Atti 10:38). Egli stesso disse: "Io non posso far nulla da Me stesso" (Giovanni 5:30). "Il *Padre* che dimora in Me, fa le opere Sue" (Giovanni 14:10). Per questo Pietro parlò di Lui come dell'"Uomo che *Dio* ha accreditato fra voi" "mediante opere potenti e prodigi e segni che Dio fece per mezzo di Lui fra voi" (Atti 2:22). Il discepolo non è superiore al suo Signore. Per questo motivo Paolo e Barnaba al concilio di Gerusalemme "narravano quali segni e prodigi *Iddio* aveva fatto per mezzo di loro fra i Gentili". (Atti 15:12). Paolo dichiarò che operava per "presentare ogni uomo, perfetto *in Cristo*", "affaticandomi, combattendo secondo l'energia Sua, che opera in me con potenza" (Colossesi. 1:28, 29). Questo stesso potere lo può possedere anche il più umile credente, "poiché Dio è quel che opera in voi il volere e l'operare, per la Sua benevolenza" (Filippesi 2:13). Il nome di Gesù è Emanuele, "Dio con noi". Fu *Dio* con Gesù che Lo fece andare attorno facendo del bene. Egli è immutabile; quindi, se noi abbiamo veramente Gesù, Dio con noi, andremo anche noi attorno facendo del bene.

**Galati 2:9 e riconoscendo la grazia a me conferita, Giacomo, Cefa e Giovanni, ritenuti le colonne, diedero a me e a Barnaba la loro destra in segno di comunione, perché noi andassimo verso i pagani ed essi verso i circoncisi. 10 Soltanto ci pregarono di ricordarci dei poveri: ciò che mi sono proprio preoccupato di fare.**

I fratelli di Gerusalemme dimostrarono la loro relazione con Dio per il fatto che essi "percepivano la grazia che era stata data" a Paolo. Coloro che sono guidati dallo Spirito di Dio saranno sempre pronti a "percepire" le opere compiute dallo Spirito in altre persone. La prova più sicura che una persona non conosce personalmente niente dello Spirito è costituita dal fatto che essa non può riconoscere il Suo operato. Gli altri apostoli possedevano lo Spirito Santo, ed essi "percepivano" che Dio aveva scelto Paolo per compiere un'opera speciale fra i Gentili; e, benché il suo modo di operare fosse diverso dal loro, poiché Dio gli aveva dato dei doni speciali per compiere la sua opera speciale, essi gli conferirono liberamente una posizione preminente nella loro comunità, e gli chiesero solo che si ricordasse dei poveri della sua propria nazione; "e questo mi sono studiato di farlo", scrisse Paolo (Galati 2:9,10).

## Unità Perfetta

Ricordate che non c'era alcuna differenza di opinione fra gli apostoli, e nemmeno nella Chiesa, al riguardo di che cosa è il Vangelo. C'erano dei "falsi fratelli", è vero; ma in quanto falsi, non facevano parte della chiesa, il corpo di Cristo, che è la verità. Molti che si professano Cristiani, persone sincere, suppongono che è pressoché una questione di necessità che ci siano opinioni diverse nella chiesa. "Non possono vederla tutti allo stesso modo", si dice comunemente. Così essi leggono in modo sbagliato Efesini 4:13, facendo sembrare che Dio ci abbia dato dei doni "*finché* tutti siano arrivati all'unità della fede". Quello che insegna la Parola è che "*nell'*unità della fede e della conoscenza del Figlio di Dio", tutti noi arriviamo "ad essere un uomo perfetto, nella misura che conviene alla piena maturità di Cristo". C'è "una sola fede"(versetto 5), la fede di Gesù, in quanto vi è solo un solo Signore; e coloro che non hanno quella fede devono necessariamente essere fuori da Cristo.

La verità è la Parola di Dio, e la Parola di Dio è luce; nessuno, a meno che sia cieco, potrà mai avere difficoltà a vedere una luce che brilla. Il fatto che un uomo non abbia mai visto nella sua vita nessun'altra luce utilizzata durante la notte, tranne che quella di una candela di sego, non deve per niente impedirgli minimamente nel riconoscere che la luce proveniente da una lampada elettrica è luce, nel primo momento che la vede. Ci sono, naturalmente, diversi gradi di conoscenza, ma mai alcuna controversia fra i diversi gradi. Tutta la verità è una sola.

**Galati 2:11 Ma quando Cefa venne ad Antiochia, mi opposi a lui a viso aperto perché evidentemente aveva torto. 12 Infatti, prima che giungessero alcuni da parte di Giacomo, egli prendeva cibo insieme ai pagani; ma dopo la loro venuta, cominciò a evitarli e a tenersi in disparte, per timore dei circoncisi. 13 E anche gli altri Giudei lo imitarono nella simulazione, al punto che anche Barnaba si lasciò attirare nella loro ipocrisia.**

Non dobiamo ingrandire né soffermarci sugli errori di Pietro o di qualsiasi altra persona buona. Questo non giova per noi. Ma dobbiamo notare questa prova schiacciante, che Pietro non è mai stato considerato il "principe degli apostoli", e che lui non è mai stato, e mai si è considerato un papa. Immaginatevi un sacerdote, un vescovo, o un cardinale, contraddire apertamente un papa durante un'assemblea pubblica!

Ma Pietro, poiché non era infallibile, aveva fatto un errore, e ciò in una materia di vitale importanza per la dottrina. Nella sua qualità di Cristiano umile e sincero, egli accettò docilmente il rimprovero che gli aveva fatto Paolo. Se nella chiesa avesse dovuto esserci qualcosa del genere di un capo umano, sarebbe evidentemente stato Paolo invece di Pietro, così come risulta da tutta la narrazione. Paolo era stato inviato ai pagani, e Pietro agli Ebrei; ma gli Ebrei costituivano solo una piccola porzione della chiesa; i convertiti Gentili presto li superarano in numero, in modo che la loro presenza era poco visibile. Tutti questi Cristiani erano in gran parte il frutto delle fatiche di Paolo, e naturalmente guardavano a lui più che agli altri [apostoli], in modo che Paolo poteva dire che su di lui cadeva ogni giorno "la cura di tutte le chiese". 2 Corinzi 11:28. Ma l'infallibilità non è la porzione di nessun uomo, e Paolo stesso non l'ha mai pretesa. L'uomo più grande nella chiesa di Cristo non ha alcuna signoria sul più debole. Gesù disse: "Uno è il vostro Maestro, Cristo; e voi siete tutti fratelli. "Matteo 23:8. E Pietro ci ammonì, "e tutti rivestitevi d'umiltà gli uni verso gli altri". 1 Pietro 5:5, testo greco "siate soggetti gli uni verso gli altri".

Quando Pietro partecipò al concilio di Gerusalemme, egli relazionò il modo con cui i gentili avevano ricevuto il Vangelo attraverso la sua predicazione: "Dio, che conosce il cuore, rese loro testimonianza, dando loro lo Spirito Santo, come a noi; *e non ha fatto alcuna distinzione* tra noi e loro, purificando i loro cuori mediante la fede". Atti 15:8, 9. Perché? Perché, conoscendo i cuori, Egli sapeva che "tutti hanno peccato e sono privi della gloria di Dio", per cui non vi è altro modo per tutti di essere "giustificati dalla Sua grazia come un dono, mediante la redenzione che è in Cristo Gesù". Romani 3:23, 24.

Eppure, dopo che il Signore gli aveva mostrato questa realtà—dopo aver predicato ai gentili, dopo esser stato testimone del dono dello Spirito Santo a loro, così come ai credenti Ebrei; dopo aver mangiato insieme a quei gentili convertiti, e dopo aver difeso fedelmente la sua posizione; dopo aver dato una chiara testimonianza durante una conferenza, che Dio non aveva fatto alcuna distinzione fra Ebrei e gentili; e anche subito dopo che lui stesso non aveva fatto alcuna distinzione—Pietro improvvisamente, non appena vennero "certi uomini" che lui pensava che non avrebbero approvato tale libertà, cominciò a fare una distinzione! "Egli si ritirò indietro e si separò, temendo il partito della circoncisione". Questo fu, come dice Paolo, "falsità", e ciò non solo era sbagliato in se stesso, ma avrebbe confuso e condotto i discepoli in una cattiva direzione. Era la paura, non la fede, che in quel momento controllava Pietro.

## Contrario alla Verità dell'Evangelo.

Sembrava che un'ondata di paura fosse passata sopra i credenti Ebrei, poiché "gli altri Giudei si misero a simulare anch'essi con lui; talché perfino Barnaba fu trascinato dalla loro ipocrisia". (versetto 13). Certo, "non erano sinceri circa la verità del Vangelo" (versetto 14); ma il fatto dell'ipocrisia non era la sola colpa contro la verità del Vangelo. Date le circostanze, era una negazione pubblica di Cristo, nella stessa misura in cui Pietro si era reso colpevole un'altra volta, a causa di un'improvvisa paura. Noi tutti troppo spesso ci siamo resi colpevoli dello stesso peccato, per permetterci di giudicare; possiamo solo notare il fatto e la sua conseguenza naturale, come avvertimento per noi stessi.

**Galati 2:14 Ora quando vidi che non si comportavano rettamente secondo la verità del vangelo, dissi a Cefa in presenza di tutti: "Se tu, che sei Giudeo, vivi come i pagani e non alla maniera dei Giudei, come puoi costringere i pagani a vivere alla maniera dei Giudei?"**

Vedete come l'azione di Pietro e degli altri fu una negazione virtuale, anche se non intenzionale, di Cristo. C'era appena stata una grande controversia sulla circoncisione. Era una questione di giustificazione e salvezza—se gli uomini erano salvati per la sola fede in Cristo, o attraverso forme esteriori. Era stata fornita una chiara testimonianza che la salvezza è per sola fede; e ora, mentre la controversia era ancora viva, mentre i "falsi fratelli" continuavano ancora a propagare i loro errori, questi fratelli fedeli improvvisamente discriminarono i credenti gentili perché erano incirconcisi. In effetti essi dissero loro: "A meno che non siete circoncisi, non potete essere salvati". Le loro azioni dichiaravamo, "Anche noi siamo in dubbio circa il potere della sola fede in Cristo di salvare gli uomini; noi crediamo veramente che la salvezza dipenda dalla circoncisione *e* dalle opere della legge; la fede in Cristo è buona, ma c'è qualcosa di più da fare; poiché la fede non è di per stessa sufficiente". Una tale negazione della verità del vangelo l'apostolo Paolo non poteva sopportarla, e lui subito andò direttamente alla radice del problema.

**Galati 2:15 Noi che per nascita siamo Giudei e non pagani peccatori, 16 sapendo tuttavia che l'uomo non è giustificato dalle opere della legge ma soltanto per mezzo della la Fede di Gesù Cristo, abbiamo creduto anche noi in Gesù Cristo per essere giustificati dalla fede di Cristo e non dalle opere della legge; poiché dalle opere della legge** *non verrà mai giustificato nessuno*".

Paolo voleva dire che, essendo Ebrei, non erano quindi peccatori? In nessun modo, perché aggiunse subito che avevano creduto a Gesù Cristo, per la giustificazione. Erano soltanto peccatori Ebrei, e non peccatori Gentili! Tutto ciò di cui potevano vantarsi come Ebrei, essi l'avevano considerato come una perdita a motivo di Cristo. Nulla aveva valore per loro, tranne la fede in Cristo; stando così le cose, era evidente che anche i peccatori Gentili potevano essere salvati direttamente dalla fede in Cristo, senza passare attraverso le forme morte che non erano state di nessun vantaggio agli Ebrei, e che erano state date soprattutto come risultato della loro incredulità.

"Questa è una parola fedele, e degna di essere pienamente accettata, che Cristo Gesù è venuto nel mondo per salvare i peccatori". 1 Timoteo 1:15. *Tutti* hanno peccato e sono ugualmente colpevoli davanti a Dio; ma tutti, di qualunque razza o classe, *possono* accettare questa dichiarazione, "Costui riceve i peccatori e mangia con loro". Luca 15:2. Un peccatore circonciso non è migliore di uno incirconciso; un peccatore che è un membro di chiesa non è migliore di chi è al di fuori. Il peccatore che è passato attraverso la forma del battesimo non è migliore del peccatore che non ha mai fatto alcuna professione di religione. Il peccato è peccato, e i peccatori sono peccatori, che siano nella chiesa o fuori.

Ma, grazie a Dio, Cristo è il sacrificio per i nostri peccati, così pure come per i peccati di tutto il mondo. C'è speranza per il membro di chiesa non convertito, così come per il peccatore che non ha mai nominato il nome di Cristo. Lo stesso Vangelo che viene predicato al mondo deve essere predicato alla chiesa, perché c'è un solo vangelo. Esso serve per convertire i peccatori del mondo così come i peccatori che si distinguono come membri di chiesa. E allo stesso tempo rinnova coloro che sono veramente in Cristo.

Il significato della parola "giustificato" è "reso giusto". La parola latina per la giustizia è *justitia*. Essere *justus* significa essere retto. Poi in inglese si aggiunge la desinenza *"fy"*, dalla parola latina che significa "fare", e noi abbiamo l'esatto equivalente del termine più semplice, "rendere giusto", in inglese *justify*.

In un certo senso si usa il termine "giustificato", per un uomo che non ha fatto il male di cui è accusato di aver fatto. Una tale persona non ha bisogno di nessuna giustificazione, dal momento che è già giusto. Ma siccome "tutti hanno peccato", nessuno è giusto (*just* in inglese) davanti a Dio. Perciò tutti hanno bisogno di essere giustificati, o *fatti*, resi giusti.

Ora, la legge di Dio è giustizia. Vedere Romani 7:12; 9:30, 31; Salmo 119:172. Paolo ha apprezzato così tanto la legge, che ha creduto in Cristo per la giustizia che la legge richiede, ma che non può dare: "Per ciò che la legge non poteva fare, in quanto è stata debole attraverso la carne, Dio mandando il proprio Figlio, a somiglianza della carne del peccato, e per il peccato, ha condannato il peccato nella carne: affinché il comandamento della legge si adempisse in noi, che non camminiamo secondo la carne, ma secondo lo Spirito". Romani 8:3, 4. La legge, che dichiara che tutti gli uomini sono peccatori, non li poteva giustificare, se non dichiarando che il peccato non è peccato. E ciò non sarebbe giustificazione, ma contraddizione.

Diremo, "allora aboliremo la legge?" I trasgressori inveterati abolirebbero volentieri la legge che li dichiara colpevoli. Ma la legge di Dio non può essere abolita, perché essa è la vita e il carattere di Dio. "La legge è santa, e il comandamento santo, e giusto e buono". Romani 7:12. Quando leggiamo la legge scritta, troviamo in essa il nostro dovere spiegato chiaramente. Ma non l'abbiamo *fatto* [il nostro dovere]. Pertanto siamo colpevoli.

Inoltre, non ce n'è nemmeno uno che abbia il potere di osservare la legge, poiché le sue esigenze sono troppo grandi. Anche se nessuno può essere giustificato dalle opere della legge, la colpa non è nella legge, ma nell'individuo. Accettate Cristo nel cuore per fede, ed allora anche la giustizia della legge sarà lì [nel cuore]. Come dice il salmista, "mi *diletto* a fare la Tua volontà, o mio Dio; La Tua legge è nel mio cuore. "Salmo 40:8. Colui che vorrebbe gettare via la legge poiché la legge non può chiamare il male bene, vorrebbe anche rifiutare Dio, perché Egli "in nessun modo dichiarerà il colpevole innocente". Esodo 34:7. Ma Dio rimuoverà la colpa, e quindi renderà il peccatore giusto, cioè in armonia con la legge.

Molto si perde per non osservare esattamente ciò che dicono le Scritture. Nell'originale nel versetto 16 abbiamo "fede di Cristo", proprio come anche in Apocalisse di Giovanni 14:12 abbiamo "fede di Gesù". Egli è "l'Autore e Perfezionatore della nostra fede". Ebrei 12:2. "La fede viene dall'udire, e l'udire viene dalla Parola di Dio" (Romani 10:17), e Cristo è la Parola. Dando Cristo ad ogni uomo, Dio ha "concesso ad ogni uomo una misura della fede" (Romani 12:3).

Non v'è quindi alcun motivo per chiunque di addurre a pretesto che la sua fede è debole. Egli può non aver accettato e fatto uso del dono, ma non esiste una cosa del genere di una "fede debole". Un uomo può essere "debole nella fede", cioè può avere paura a confidare nella fede; ma la fede stessa è forte come la Parola di Dio. Solo Cristo è giusto. Egli ha vinto il mondo. Egli solo ha il potere di farlo. In Lui risiede tutta la pienezza di Dio, poiché la legge—Dio stesso—è nel Suo cuore. Solo Lui ha osservato e può osservare la legge alla perfezione. Quindi, solo attraverso la Sua fede—fede viva—cioè la Sua vita in noi, possiamo essere resi giusti.

Ma questo è sufficiente. Egli è una "pietra provata". La fede che Egli ci dona è la Sua propria fede provata ed approvata, ed essa non ci deluderà mai in nessun combattimento. Noi non siamo esortati a *cercare* di agire così come Egli ha agito, o *cercare* di esercitare altrettanta fede come Egli ha esercitato, ma siamo esortati a prendere semplicemente la *Sua* fede, e a permetterle di agire con amore, e di purificare il cuore. E la fede lo farà!

"A tutti quelli che L'hanno ricevuto, Egli ha dato potere di diventare figli di Dio: a quelli, cioè, che credono nel Suo nome".

Giovanni 1:12. Cioè, tutti quelli che hanno creduto nel Suo nome L'hanno ricevuto. Credere nel Suo nome vuol dire credere che Egli è il Figlio di Dio. Credere che Egli è il Figlio di Dio significa credere che Egli è venuto nella carne, carne umana, la nostra carne. Poiché il suo nome è "Dio con noi".

Quindi, credendo in Cristo siamo giustificati per la fede di Cristo, dal momento che abbiamo Lui che dimora personalmente in noi, esercitando la Sua propria fede. Ogni potere in cielo e in terra è nelle Sue mani. Riconoscendo questo, dobbiamo semplicemente consentirGli di esercitare il Suo proprio potere nel modo che desidera Lui. Questo Egli lo fa "in modo infinitamente abbondante", tramite "la potenza che opera in noi".

**Galati 2:17 Se pertanto noi che cerchiamo la giustificazione in Cristo siamo trovati peccatori come gli altri, forse Cristo è ministro del peccato? Impossibile!**

Gesù Cristo è "il Santo e il Giusto". Atti 3:14. "Egli si è manifestato per togliere i peccati; e in Lui non è peccato". 1 Giovanni 3:5. Egli non solo "non commise peccato" (1 Pietro 2:22), ma "non aveva conosciuto peccato". (2 Corinzi 5:21). Quindi è impossibile che un peccato qualsiasi possa provenire da Lui. Egli non impartisce il peccato. Nel flusso di vita che sgorga dal cuore di Cristo attraverso la ferita del Suo costato non c'è traccia di impurità. Egli non è il ministro del peccato, vale a dire che non serve il peccato a nessuno.

Se in qualcuno che ha cercato (e non solo cercato, ma trovato) la giustizia per mezzo di Cristo, viene trovato in seguito il peccato, ciò avviene perché la persona ha sbarrato il flusso dell'acqua della grazia, permettendo all'acqua di diventare stagnante. Non è stato dato libero corso alla Parola perché potesse essere glorificata. E dove non c'è attività, c'è la morte. Nessuno è da biasimare per questo, se non la persona stessa. Che nessun Cristiano professo prenda consiglio dalle sue proprie imperfezioni e dica che è impossibile per un Cristiano vivere una vita senza peccato. È impossibile per un vero Cristiano, un Cristiano che possieda la pienezza della fede, vivere qualsiasi altro tipo di vita. "Come possiamo noi che siamo morti al peccato vivere ancora in esso?"

Romani 6:2. "Chiunque è nato da Dio non commette peccato, poiché il seme d'Esso rimane in lui; e non può peccare perché è nato da Dio". 1 Giovanni 3:9. Pertanto "dimorate in Lui".

**Galati 2:18 Infatti se io riedifico quello che ho demolito, mi denuncio come trasgressore.**

Se un Cristiano sbaraglia o distrugge i suoi peccati per mezzo di Cristo, e successivamente ricostruisce di nuovo quei peccati, egli diventa ancora una volta un trasgressore della legge che ha bisogno di Cristo.

Ricordate che l'apostolo sta parlando di coloro che hanno creduto in Gesù Cristo, e sono stati giustificati dalla fede di Cristo. In Romani 6:6. Paolo scrive: "Il nostro vecchio uomo è stato crocifisso con Lui, affinché il corpo del peccato potesse essere distrutto, onde noi non serviamo più al peccato".

Quello che viene distrutto è il corpo del peccato, ed esso viene distrutto solo da questa presenza personale della vita di Cristo. Viene distrutto affinché noi possiamo essere liberati dal suo potere e non abbiamo più bisogno di servirlo. È distrutto per tutti, poiché Cristo nella Sua propria carne ha abolito "l'inimicizia", vale a dire la mente carnale del peccatore. I nostri peccati, le nostre debolezze, erano su di Lui. La vittoria è stata acquisita per ogni anima, e il nemico è stato disarmato. Dobbiamo solo accettare la vittoria che Cristo ha riportato. La vittoria su ogni peccato è già una realtà. La nostra fede in questa vittoria la rende reale per noi. La perdita della fede ci pone al di fuori della realtà, e il vecchio corpo del peccato si profila di nuovo. Quello che viene distrutto dalla fede è costruito di nuovo dall'incredulità. Ricordate che questa distruzione del corpo del peccato, anche se eseguita da Cristo per tutti, è comunque una questione personale di ogni giorno per ogni persona.

**Galati 2:19 In realtà mediante la legge io sono morto alla legge, per vivere per Dio.**

Molti fantasticano che "io sono morto alla legge" significhi che la legge è morta. Assolutamente no. La legge deve essere in pieno vigore, altrimenti nessuno potrebbe morire alla legge. Come fa un uomo a diventare morto alla legge? Ricevendo la sua piena penalità, che è la morte. Egli è morto, ma la legge che lo ha messo a morte è ancora in forza come sempre per mettere a morte un altro criminale. Supponiamo, ora, che un'uomo che è stato giustiziato per crimini gravi, attraverso una forza miracolosa ritorni di nuovo in vita; non sarebbe egli ancora morto alla legge? Certamente. Nulla di ciò che aveva fatto potrebbe essergli menzionato dalla legge. Ma se dovesse di nuovo commettere crimini, la legge lo giustizierebbe di nuovo, ma come un altro uomo. Io sono resuscitato dalla morte che ho sofferto per legge a causa del mio peccato, ed ora cammino "in novità di vita", una vita dedicata a Dio. Come Saul dell'antichità, sono "mutato in un altr'uomo" dallo Spirito di Dio. 1 Samuele 10:6.

**Galati 2:20 Sono stato crocifisso con Cristo e non sono più io che vivo, ma Cristo vive in me. Questa vita nella carne, io la vivo nella fede del Figlio di Dio, che mi ha amato e ha dato Se stesso per me.**

Ma se non siamo crocifissi con Lui, la Sua morte e risurrezione non ci giova a nulla. Se la croce di Cristo è separata da noi, e al difuori di noi, anche se solo per un momento di tempo, o per lo spazio di un capello, per noi è precisamente la stessa cosa come se Egli non fosse stato crocifisso. Se gli uomini vogliono vedere Cristo crocifisso, devono guardare verso l'alto; poiché le braccia della croce che è stata eretta sul Calvario si stendono dal Paradiso perduto fino al Paradiso restaurato, ed abbracciano tutto il mondo di peccato. La crocifissione di Cristo non è una cosa di un giorno solo. Egli è "l'Agnello immolato fin dalla fondazione del mondo". Apocalisse di Giovanni 13:8. E le sofferenze del Calvario non saranno finite fin tanto che nell'universo esiste un singolo peccato o un singolo peccatore. Proprio ora Cristo porta i peccati di tutto il mondo, poiché "in Lui tutte le cose sussistono". E quando alla fine Egli è obbligato ad annientare i malvagi irrecuperabili nel lago di fuoco, l'angoscia che essi soffrono non sarà maggiore dell'angoscia che il Cristo da essi rifiutato ha sofferto sulla croce.

Cristo portò i nostri peccati nel Suo corpo sull'albero [della croce]. 1 Pietro 2:24. Egli è stato "fatto maledizione per noi", in quanto Egli è stato appeso all'albero [della croce]. Galati 3:13.

Sulla croce Egli ha portato non solo la debolezza e il peccato dell'umanità, ma anche la maledizione della terra. Le spine sono un segno della maledizione (Genesi 3:17, 18), e Cristo portò la corona di spine. Ogni traccia della maledizione è caricata su Cristo.

Ovunque vediamo un miserabile essere umano caduto, macchiato dal peccato, dovremmo vedere anche il Cristo di Dio crocifisso per lui. Cristo sulla croce porta tutte le cose, e i peccati di quell'uomo sono su di Lui. A causa della sua incredulità, quell'uomo può sentire tutto il peso del pesante fardello. Ma se egli crede, può essere allievato del carico. Cristo porta i peccati di tutto il mondo sulla croce. Pertanto, ovunque si trova il peccato, possiamo essere sicuri che là c'è la croce di Cristo.

Il peccato è una questione personale. Esso è nel cuore dell'uomo. "Dal di dentro infatti, cioè dal cuore degli uomini, escono cattivi pensieri, adulteri, fornicazioni, omicidi, furti, cupidigie, malvagità, inganno, dissolutezza, invidia, calunnia, superbia, stoltezza: tutte le cose cattive vengono fuori dal di dentro". Marco 7:21-23. "Il cuore è ingannevole più di ogni altra cosa e insanabilmente corrotto". Geremia 17:9. Il peccato è per natura in ogni fibra del nostro essere. Siamo nati in esso, e la nostra vita è peccato, a tal punto che il peccato non può essere eradicato da noi senza perdere la nostra vita. Quello di cui ho bisogno è la libertà dal mio proprio peccato personale, cioè il peccato che non solo è stato commesso da me personalmente, ma che abita nel mio cuore, il peccato che costituisce il tutto della mia vita.

Il mio peccato è commesso da me, in me stesso, e non riesco a separarlo da me. Devo gettarlo sul Signore? Sì, questo è giusto; ma come? Posso raccoglierlo nelle mie mani e gettarlo via da me, in modo da poterlo mettere su di Lui? Se potessi separarlo da me almeno per lo spazio di un capello, allora sarei al sicuro, indipendentemente da che cosa ne sarà di esso, dal momento che il peccato non sarebbe stato trovato in me. In questo caso potrei fare a meno di Cristo. Infatti, se il peccato non viene trovato su di me, non avrebbe alcuna importanza per me in che luogo verrebbe trovato, dal momento che non sarebbe trovato in me.

Esso sarebbe quindi lontano da me, e io sarei reso innocente. Ma niente che io possa fare può salvarmi. Pertanto tutti i miei sforzi per separare me stesso dai miei peccati sono inutili.

Perciò chi porta i miei peccati deve venire dove sono io, deve entrare in me. È proprio quel che fa Cristo. Cristo è la Parola, e a tutti i peccatori che si vorrebbero scusare dicendo che non possono sapere ciò che Dio richiede da loro, Egli dice, "La Parola è molto vicino a te; è nella tua bocca e nel tuo cuore, perchè tu la metta in pratica". Vedere Deuteronomio 30:11-14. Quindi, dice, "se confessi con la tua bocca che Gesù è il Signore e crederai con il tuo cuore che Dio Lo ha risuscitato dai morti, sarai salvato". Romani 10:9. Che cosa dobbiamo confessare riguardo al Signore Gesù? Confessare la verità, che Egli è vicino a te, proprio nella tua bocca e nel tuo cuore, e credere che Egli è risorto dai morti. Il Salvatore risorto è il Salvatore crocifisso. Come Cristo risorto si trova nel cuore del peccatore, così pure vi si trova Cristo crocifisso. Se non fosse così, non ci sarebbe speranza per nessuno. Un uomo può credere che Gesù fu crocifisso due millenni fa, e tuttavia morire nei suoi peccati. Ma chi crede che Cristo è crocifisso e risorto, ha in Lui la salvezza.

Tutto quello che ogni uomo al mondo deve fare per essere salvato è di credere alla verità; cioè, riconoscere ed ammettere i fatti, vedere le cose come sono realmente, e confessarle. Chiunque crede che Cristo è crocifisso in lui, che è risorto in lui, e che dimora in lui, viene salvato dal peccato. Ed egli sarà salvato fin tanto che rimarrà saldo nella sua fede. Questa è l'unica vera confessione di fede.

Nel decimo capitolo di Romani, come già notato, apprendiamo che Cristo mediante lo Spirito viene in ogni uomo, "un aiuto sempre pronto nelle difficoltà". Salmo 46:1. Egli viene al peccatore, in modo che il peccatore possa avere ogni incentivo e ogni strumento per convertirsi dal peccato alla giustizia. Egli è "la via, la verità e la vita". Giovanni 14:6. Non c'è altra vita, se non la Sua [di Cristo]. Ma anche se Lui [Cristo] viene a ogni uomo, non ogni uomo mostra la Sua giustizia [cioè non vediamo in lui la giustizia di Cristo], poiché alcuni "sopprimono la verità". Romani 1:18.

La preghiera ispirata di Paolo era che noi possiamo essere fortificati con potenza nell'uomo interiore dallo Spirito di Dio, "che Cristo dimori nei vostri cuori per la fede", "che siate ricolmi di tutta la pienezza di Dio". Vedi Efesini 3:16-19.

Cristo è crocifisso nel peccatore; poiché ovunque ci sia il peccato e la maledizione, là c'è Cristo che lo porta. Tutto ciò che è necessario ora è che il peccatore sia crocifisso con Cristo, che consenta che la morte di Cristo sia la sua propria morte, in modo che la vita di Gesù si manifesti nella sua carne mortale. La fede nel potere eterno e nella divinità di Dio, che si vedono in tutte le cose che Egli ha fatto, permetterà a chiunque di afferrare questa verità. Il seme non cresce "se prima non muore". 1 Corinzi 15:36. "Se il chicco di grano non viene sotterrato e non muore, rimane solo; se invece muore, produce molto frutto". Giovanni 12:24. Così colui che è stato crocifisso con Cristo inizia subito a vivere come un altro uomo. "Non sono più io che vivo, ma è Cristo che vive in me".

Ma Cristo è stato crocifisso in realtà più di venti secoli fa, non è vero? Certamente. Allora come può essere che i miei peccati personali fossero su di Lui? O come può essere che ora io sono crocifisso con Lui? Beh, può darsi che non possiamo comprendere il fatto, ma questo non fa nessuna differenza per il fatto stesso. Quando ricordiamo che Cristo è la vita, proprio "la vita eterna che era presso il Padre e che ci fu manifestata" (1 Giovanni 1:2), possiamo capire qualcosa di questo. "In Lui era la vita; e la vita era la luce degli uomini". Egli è "la Luce vera, che illumina ogni uomo che viene nel mondo". Giovanni 1:4, 9.

Carne e sangue (ciò che gli occhi possono vedere) non possono rivelare "il Cristo, il Figlio del Dio vivente". Vedi Matteo 16:16, 17. "Occhio non ha visto, né orecchio sentito, né sono entrate nel cuore dell'uomo, le cose che Dio ha preparato per coloro che Lo amano. Ma Dio le ha rivelate a noi per mezzo del Suo Spirito". 1 Corinzi 2:9, 10. Nessun uomo, non importa quanto bene abbia conosciuto il falegname di Nazaret, potrebbe chiamarlo Signore, se non per l'influenza dello Spirito Santo. 1 Corinzi 12:3.

Per mezzo dello Spirito, e con la Sua presenza personale, Egli può venire ad ogni uomo sulla terra e riempire anche i cieli, cosa che Gesù nella carne non poteva fare. Perciò era opportuno per Lui di andare via ed inviare il Consolatore. "Egli è prima di tutte le cose e in Lui tutte le cose sussistono". Colossesi 1:17. Gesù di Nazaret era Cristo nella carne. Il Verbo che era in principio, e il Cui potere sostiene tutte le cose, è il Cristo di Dio. Il sacrificio di Cristo, per quanto riguarda questo mondo, risale alla fondazione del mondo. Apocalisse di Giovanni 13:8; 1 Pietro 1:18-20.

La scena del Calvario è stata la manifestazione di ciò che è avvenuto in tutto il tempo in cui è esistito il peccato, e che continuerà ad avvenire fino a quando ogni uomo che desidera essere salvato è salvato: Cristo che porta i peccati del mondo. Egli li porta ancora oggi. Una sola morte e una resurrezione furono sufficienti per tutti i tempi, poiché è la vita eterna che stiamo considerando. Quindi non è necessario che il Suo sacrificio sia ripetuto. Quella vita è per tutti gli uomini ovunque, per cui chiunque l'accetti per fede riceve tutti i benefici dell'intero sacrificio di Cristo. Tramite Se stesso Egli "fece la purificazione dei peccati". Chiunque respinge la vita perde il beneficio del sacrificio.

Cristo ha vissuto per mezzo del Padre. Giovanni 6:57. La Sua fede nella parola che Dio Gli ha dato era tale che Egli ripetutamente sostenne che quando morirà Egli risorgerà di nuovo il terzo giorno. Con questa fede Egli morì, dicendo: "Padre, nelle Tue mani consegno il Mio spirito". Luca 23:46. La fede che Gli ha dato la vittoria sulla morte Gli ha dato anche la vittoria completa sul peccato. Quella stessa fede Egli l'esercita in noi quando dimora in noi per mezzo della fede, poiché Egli é "lo stesso ieri, oggi e in eterno". Ebrei 13:8.

Non siamo noi che viviamo, ma Cristo che vive in noi, ed usa la Sua propria fede per liberarci dal potere di Satana. "Cosa dobbiamo fare?" ConsentiamoGli di vivere in noi secondo la Sua volontà. "Abbiate in voi la stessa mente, che è stata anche in Cristo Gesù". Filippesi 2:5. Come possiamo permetterGlielo? Semplicemente accettandoLo, confessandoLo.

"Che mi ha amato e ha dato Se stesso per me". Quanto è personale questo! Io sono colui che Egli amò! Ogni anima al mondo può dire: "Egli mi ha amato e ha dato Se stesso per me". Paolo è morto, ma le parole che ha scritto sono ancora vive. Erano vere per quanto riguarda Paolo, ma non più di quanto lo sono per ogni altro uomo. Esse sono le parole dello Spirito messe nella nostra bocca, se soltanto le vogliamo ricevere. L'intero dono di Cristo è per ogni singolo "me". Cristo non è diviso, ma ogni anima Lo riceve interamente, proprio come se non ci fosse nessun'altra persona nel mondo. Ognuno riceve tutta la luce che brilla. Il fatto che ci sono milioni di persone sulle quali splende il sole, non rende la sua luce più fioca per me. Io ottengo da essa il beneficio completo. Se fossi l'unica persona al mondo, non potrei ottenerne di più. Così Cristo ha dato Se stesso per me, come se io fossi l'unico peccatore al mondo. E la stessa cosa è vera di ogni altro peccatore.

Quando seminiamo un chicco di grano, otteniamo molti più chicchi dello stesso genere, ognuno possedendo la stessa vita, proprio la stessa quantità di vita che aveva il seme originario. Così è con Cristo, il vero seme. Morendo per noi, affinché anche noi potessimo diventare il vero seme, Egli dà ad ognuno di noi tutta la Sua vita. "Rendiamo grazie a Dio per il Suo dono ineffabile". 1 Corinzi 9:15.

**Galati 2:21 Non annullo dunque la grazia di Dio; infatti se la giustificazione viene dalla legge, Cristo è morto invano.**

Se potessimo salvare noi stessi [da soli], Cristo sarebbe morto per niente, poiché la salvezza è l'unica cosa da guadagnare. Ma noi non possiamo salvarci da soli. E Cristo non è morto invano. Quindi non vi è salvezza che in Lui. Egli è in grado di salvare tutti coloro che si avvicinano a Dio per mezzo di Lui. Esistono uomini che saranno salvati, altrimenti Egli sarebbe morto invano. Ma Lui non è morto invano. Quindi la promessa è sicura: "Egli vedrà il Suo seme, Egli prolungherà i Suoi giorni, e il piacere del Signore prospererà nelle Sue mani. Egli vedrà il frutto del travaglio della Sua anima, e sarà soddisfatto. "Isaia 53:10, 11.

"Chiunque lo vuole" può essere salvato. Dal momento che Egli non è morto invano, state all'erta, affinché "non riceviate la grazia di Dio invano". 2 Corinzi 6:1.

*Note del Lettore*

# Galati Capitolo 3

## *Riscattati dalla Maledizione*

Dopo aver accettato il Vangelo, i Galati furono fuorviati da falsi maestri che avevano presentato loro "un altro vangelo", un vangelo contraffatto, benché vi sia un solo vangelo per tutti i tempi e per tutti gli uomini.

Il vangelo contraffatto veniva presentato con queste parole: "Se non vi fate circoncidere secondo l'usanza di Mosè, non sarete salvati". Ora, nonostante oggigiorno non vi è dubbio che un uomo debba subire il rito specifico della circoncisione per essere salvato oppure no, la disputa riguardo la salvezza stessa, il fatto che si acquisisca attraverso le opere dell'uomo o unicamente per mezzo di Cristo, è attuale più che mai.

Invece di attaccare il loro errore e combatterlo con argomenti duri, l'apostolo inizia con un'esperienza che descrive la questione in parole semplici. In questa narrazione egli dimostra che la salvezza è totalmente per fede per tutti gli uomini, e in nessun modo è per mezzo delle opere. Come Cristo ha gustato la morte per ognuno, così i salvati devono appropriarsi dell'esperienza personale della morte, la resurrezione, e la vita di Cristo. Cristo incarnato è in grado di fare quello che la legge non può fare. Galati 2:21; Romani 8:3, 4. Ma il fatto in sè testimonia della giustizia della legge. Se la legge fosse stata difettosa, Cristo non avrebbe potuto soddisfare le sue esigenze. Egli dimostra la giustizia della legge, adempiendola o facendo ciò che essa richiede, non semplicemente *per* noi, ma *in* noi. Noi non "annulliamo la grazia di Dio". Se la giustificazione potesse venire dalla legge, allora Cristo sarebbe morto invano".

Ma sostenere che la legge possa essere abolita, o che potrebbe allentare le sue esigenze, tanto da privarla della sua importanza, significa affermare che Cristo è morto invano. Ripetiamolo ancora, non è possibile che la giustificazione provenga dalla legge, ma solo tramite la fede di Cristo. Ma il fatto che la giustizia della legge non può essere ottenuta da noi in nessun altro modo se non attraverso la crocifissione, la risurrezione e la vita di Cristo *in* noi dimostra l'infinita grandezza e santità della legge.

**Galati 3:1 O Galati insensati! Chi v'ha ammaliati, voi, dinanzi agli occhi de' quali Gesù Cristo crocifisso è stato ritratto al vivo?**

"Ecco, l'ubbidienza val meglio che il sacrificio, e dare ascolto val meglio che il grasso dei montoni; poiché la ribellione è come il peccato della *divinazione*, e l'ostinatezza è come l'adorazione degli idoli e degli dei domestici". 1 Samuele 15:22, 23. L'ostinatezza e la ribellione sono il rifiuto di Dio. E chi rifiuta Dio si sottopone al controllo degli spiriti maligni. Ogni idolatria è una forma di culto al diavolo. "Le carni che i Gentili sacrificano, le sacrificano ai demoni". 1 Corinzi 10:20. Non ci sono vie di mezzo. Cristo dice: "Chi non è con Me, è contro di Me". Matteo 12:30. Cioè, la disobbedienza, il rifiuto del Signore, è lo spirito dell'anticristo. I fratelli Galati, come abbiamo già visto, si stavano allontanando da Dio; di conseguenza, essi stavano ricadendo inevitabilmente, anche se forse inconsciamente, nell'idolatria.

## La Salvaguardia Contro lo Spiritismo

Lo spiritismo è solo un altro nome per l'antica stregoneria e divinazione. Si tratta di una frode, ma non il tipo di frode che molte persone pensano che sia. In esso c'è qualcosa di reale. È una frode, in quanto mentre professa di ricevere comunicazioni dagli spiriti dei morti, in realtà comunica solo con gli spiriti dei demoni, dal momento che "i morti non sanno nulla". Essere un medium spiritista significa sottomettersi al controllo dei demoni.

Ora, esiste un solo modo per essere protetti da questo, ed

è quello di attenersi strettamente alla parola di Dio. *Colui che considera con leggerezza la Parola di Dio, spezza il suo legame con Dio, e si sottopone all'influenza di Satana.* Anche se un uomo condanna lo spiritismo nel modo più assoluto, se non si attiene alla Parola di Dio, prima o poi sarà trascinato via dalla seducente chimera del falso-cristo. Solo rimanendo vicini alla parola di Dio possiamo essere preservati dalla tentazione che sta per abbattersi in tutto il mondo. Apocalisse di Giovanni 3:10. "Quello spirito che opera al presente negli uomini ribelli" (Efesini 2:2) è lo spirito di Satana, lo spirito dell'anticristo; e il Vangelo di Cristo, che rivela la giustizia di Dio (Romani 1:16, 17), è l'unico modo in cui possiamo salvarci da esso.

## Cristo Crocifisso Davanti ai Nostri Occhi.

Quando Paolo predicò la crocifissione di Gesù ai Galati, Gesù fu descritto come se l'avessero crocifisso apertamente davanti ai loro occhi. La sua presentazione era così vivida che essi potevano effettivamente vedere Cristo crocifisso. Non si trattava solo di un'abile illustrazione da parte di Paolo e di immaginazione da parte dei Galati. Tramite Paolo, lo spirito Santo rese i Galati capaci di vedere Cristo crocifisso.

L'esperienza dei Galati a questo riguardo non poteva essere insolita. La croce di Cristo era una realtà presente. L'espressione, "Venite alla croce", non è una forma astratta di parole, ma un invito che può essere letteralmente seguito.

Nessuno può conoscere veramente la realtà del Vangelo se non ha prima contemplato il Cristo crocifisso davanti ai suoi occhi, e se non può vedere la croce di Cristo ovunque rivolga lo sguardo. Non date importanza a coloro che deridono—il fatto che un cieco che non possa vedere il sole neghi che esso risplenda, non scoraggerà chi lo vede e che voglia parlare della sua gloria. Molti sono quelli che possono testimoniare che si tratta di qualcosa di più di un modo di dire, quando l'Apostolo dice ai Galati che Cristo era stato crocifisso davanti ai loro occhi. Anche loro avevano vissuto questa esperienza. Dio voglia che questo studio sui Galati, prima che sia finito, possa essere il mezzo per aprire gli occhi a molti ancora!

**Galati 3:2 Questo soltanto desidero sapere da voi: avete ricevuto lo Spirito mediante le opere della legge o attraverso la predicazione della fede?**

La domanda: "Avete ricevuto lo Spirito mediante le opere della legge, o la fede?" ammette una sola risposta: è stato attraverso la predicazione della fede. Lo Spirito è dato a coloro che credono. Giovanni 7:38, 39; Efesini 1:13. La domanda mostra inoltre che i Galati avevano ricevuto lo Spirito Santo. Non c'è altro modo di iniziare la vita Cristiana. "Nessuno può dire 'Gesù è il Signore' se non per lo Spirito Santo". 1 Corinzi 12:3. All'inizio lo Spirito di Dio aleggiava sulla superficie delle acque, generando la vita e le attività nella creazione, perché senza lo Spirito non c'è movimento—non c'è vita. "Non per potenza, né per forza, ma per il Mio Spirito, dice il Signore degli eserciti". Zaccaria 4:6. Solo lo Spirito di Dio può realizzare la perfetta volontà di Dio; e nessuna opera fatta dall'uomo può introdurre lo Spirito nell'anima, più di quanto un uomo morto possa fabbricare il respiro con cui possa essere fatto vivere e muovere. Coloro ai quali Paolo ha rivolto questa lettera avevano visto Cristo crocifisso davanti ai loro occhi e L'avevano accettato per mezzo dello Spirito. L'avete visto ed accettato anche voi?

**Galati 3:3 Siete voi così insensati? dopo aver cominciato con lo Spirito, volete ora raggiungere la perfezione con la carne?**

"Insensati" è usare un termine debole per questo! L'uomo che non ha il potere di *iniziare* un lavoro, pensa di avere la forza di *finirlo*! Colui che non ha la forza di mettere un piede dopo l'altro, o addirittura di stare in piedi da solo, pensa di avere in se abbastanza forza per vincere la corsa!

Chi ha il potere di generare se stesso? Nessuno. Non veniamo in questo mondo perché abbiamo generato noi stessi. Siamo nati senza forza. Quindi tutta la forza che si manifesta in noi viene da un altro e non da noi stessi. Tutto ci è stato dato. Il neonato è la rappresentazione di quel che è un uomo. "Un uomo è venuto nel mondo". Tutta la forza che ogni uomo ha in se si trova in un bambino, mentre emette il primo vagito col primo respiro. E anche questa debole forza non viene prodotta da noi stessi.

Così pure è nelle cose spirituali. "Egli ci ha di Sua volontà generati mediante la parola di verità". Giacomo 1:18. Non possiamo vivere una vita giusta con le nostre forze, così come noi non possiamo generare noi stessi. L'opera che è stata cominciata dallo Spirito deve essere completata dallo Spirito. "Siam diventati partecipi di Cristo, a condizione che riteniamo ferma sino alla fine la fiducia che avevamo da principio". Ebrei 3:14. "Colui che ha cominciato in voi un'opera buona, la condurrà a compimento fino al giorno di Cristo Gesù". Filippesi 1:6. E solo Lui può farlo.

**Galati 3:4 Avete voi sofferto tante cose invano?—Se pure è proprio invano. 5 Colui dunque che vi somministra lo Spirito ed opera fra voi de' miracoli, lo fa Egli per la via delle opere della legge o per la predicazione della fede?**

Queste domande mostrano che l'esperienza dei fratelli della Galazia era stata così profonda e reale come ci potremmo aspettare da coloro davanti agli occhi dei quali Cristo è stato crocifisso manifestamente. Lo Spirito era stato dato loro, dei miracoli erano stati fatti fra di loro, ed anche da loro, poiché i doni dello Spirito accompagnano il dono dello Spirito. E come conseguenza della presenza fra di loro di questo Vangelo vivente essi subirono le persecuzioni; poiché "tutti quelli che vogliono vivere piamente in Cristo Gesù saranno perseguitati". 2 Timoteo 3:12. Questo rende il loro caso ancor più grave. Dopo aver condiviso le sofferenze di Cristo essi stavano ora allontanandosi da Lui. E questo allontanamento da Cristo, l'unico per mezzo del Quale può venire la giustificazione, era caratterizzato dalla disobbedienza alla legge della verità. Insensibilmente ma inevitabilmente essi stavano trasgredendo quella legge nella quale cercavano la salvezza.

**Galati 3:6 E siccome Abrahamo "credette in Dio, ciò gli fu messo in conto di giustizia";**

Le domande fatte nei versetti 3, 4 e 5 suggeriscono loro stessi le risposte. Lo Spirito era stato dato, e si facevano i miracoli, non per le opere della legge, ma tramite "l'ascolto della fede", cioè per l'obbedienza prodotta dalla fede, poiché la fede viene tramite l'ascolto della Parola di Dio. Romani 10:17. Quindi l'opera di Paolo, e la prima esperienza dei Galati, erano esattamente in linea con l'esperienza di fede di Abramo, che era stata imputata a giustizia. Non dimentichiamo che i "falsi fratelli" che avevano predicato "un altro vangelo", cioè il falso vangelo della giustificazione per opere, erano ebrei e pretendevano di avere Abramo come padre. Essi si inorgoglivano col fatto di essere "figli" di Abramo, e facevano appello alla circoncisione come prova di questo. Ma proprio quello su cui essi si basavano per dimostrare di essere figli di Abramo, costituiva la prova che essi non lo erano; poiché "Abramo credette a Dio, e ciò gli fu messo in conto di giustizia". Abramo possedeva la giustizia della fede prima di essere stato circonciso. Romani 4:11. "Riconoscete anche voi che coloro i quali hanno la fede, son figliuoli d'Abrahamo". Galati 3:7. Abramo non è stato giustificato per opere (Romani 4:2, 3), ma fu la sua fede che gli procurò la giustizia.

Lo stesso problema esiste ancora. La gente scambia l'evidenza esterna al posto della sostanza, il fine per il mezzo. Vedono che la giustizia si rivela nelle buone opere. Quindi essi ritengono che siano le buone opere a portare la giustizia. La giustizia guadagnata per fede, e le buone opere ottenute senza lavorare, ai loro occhi, sembra poco pratico e fantasioso. Essi si definiscono uomini "pratici" e credono che l'unico modo per fare qualcosa è di farla. Ma la verità è che tutti questi uomini sono *assai poco* pratici. Un uomo "senza alcuna forza", non può fare nulla, neanche alzarsi per prendere la medicina che gli viene offerta. Qualsiasi consiglio gli si voglia dare non sarebbe pratico. Solo nel Signore c'è giustizia e forza. Isaia 45:24. "Rimetti la tua sorte nell'Eterno; confidati in Lui, ed *Egli* opererà, ed *Egli* farà risplendere la tua giustizia come la luce. Salmo 37:5, 6. Abramo è il padre di tutti coloro che credono per ottenere la giustizia, e solo di essi. L'unica cosa "pratica" è quella di credere, proprio come Egli ha creduto.

**Galati 3:7 Sappiate dunque che i veri discendenti di Abramo sono quelli che vengono dalla fede. 8 E la Scrittura, prevedendo che Dio avrebbe giustificato i pagani per la fede, preannunziò ad Abramo questa buona novella: "In te saranno benedette tutte le genti".**

Questi versetti vanno riletti molte volte. La loro comprensione metterà in salvaguardia il lettore da molti errori. E non sono difficili da capire; basta attenersi a quanto viene detto, e si comprenderanno.

(a) Questi versetti ci mostrano che il Vangelo era stato predicato fin dai tempi di Abramo.

(b) Dio stesso l'aveva predicato. Dunque, era il vero ed unico Vangelo.

(c) Era lo stesso Vangelo predicato da Paolo. Quindi non abbiamo nessun altro vangelo al di fuori di quello che aveva Abramo.

(d) Il Vangelo ora non differisce ora in nessun particolare rispetto a quello dei tempi di Abramo.

Dio richiede esattamente le stesse cose che richiedeva allora, e niente di più.

Inoltre, il Vangelo era stato predicato allora ai Gentili, poiché Abraham era un "gentile", o in altre parole, un pagano. Egli era stato allevato come pagano, poiché "Terah, il padre di Abramo", "serviva altri dei" (Giosuè 24:2), e rimase pagano fino a quando non gli fu predicato il Vangelo. Perciò al tempo di Pietro e Paolo la predicazione del Vangelo ai Gentili non era una novità. La nazione Ebraica era stata tratta fuori dalle altre nazioni, ed è unicamente tramite la prposedicazione del Vangelo ai pagani che Israele viene fortificato e redento. Vedi Atti 15:14-18; Romani 11:25, 26. L'esistenza stessa del popolo di Israele è sempre stata e rimane ancora una prova inconfutabile che il proposito di Dio è quello di salvare le persone in mezzo ai Gentili. È per adempiere questo scopo che Israele esiste.

Vediamo dunque che Paolo riconduce i Galati (e noi) indietro alla sorgente, nel luogo dove Dio stesso predica il Vangelo ai "Gentili". Un Gentile non può sperare di essere salvato in nessun altro modo, o tramite qualsiasi altro vangelo, se non quello per mezzo del quale Abramo era stato salvato.

**Galati 3:9 Perciò coloro che si fondano sulla fede sono benedetti col fedele Abramo. 10 Ora tutti coloro che si fondano sulle opere della legge sono sotto la maledizione,**

perché sta scritto: "Maledetto chiunque non persevera in tutte le cose scritte nel libro della legge per praticarle".

Notate la stretta correlazione tra questo versetto e il versetto precedente. Il Vangelo era stato predicato ad Abramo con queste parole: "In te tutte le nazioni saranno benedette". Le parole "pagani" o "Gentili", che troviamo nell'Edizione Standard Revisionata, e "nazioni", nel versetto 8, derivano dalla stessa parola greca. Questa benedizione costituisce il vantaggio della giustificazione per mezzo di Cristo, come apprendiamo da Atti 3:25, 26: "Voi siete i figliuoli dei profeti e del patto che Dio fece coi nostri padri, dicendo ad Abrahamo: E nella tua progenie tutte le nazioni della terra saranno benedette. A voi per i primi Iddio, dopo aver suscitato il Suo Servitore, L'ha mandato per benedirvi, *convertendo ciascun di voi dalle sue malvagità*". Siccome Dio aveva predicato il Vangelo ad Abramo con queste parole: "In te tutte le nazioni saranno benedette", coloro che credono sono benedetti insieme col fedele Abrahamo. Non esiste altra benedizione per qualsiasi uomo, se non la benedizione che Abramo ha ricevuto! E il Vangelo che è stato predicato a lui è l'unico Vangelo a disposizione per ogni uomo che si trova sotto il cielo. Il nome di Gesù, nel quale Abramo credette, salva. "Non v'è sotto il cielo alcun altro nome che sia stato dato agli uomini, per il quale noi abbiamo ad esser salvati". Atti 4:12. In Lui "abbiamo la redenzione, la remissione dei peccati". Colossesi 1:14. Il perdono dei peccati porta con sè tutte le *altre* benedizioni.

## Un Contrasto: Sotto la Maledizione

Osservate il contrasto stridente fra il versetto 9 e il versetto 10. "Talché coloro che hanno la fede, sono benedetti", ma "tutti quelli che si basano sulle opere della legge sono sotto maledizione". La fede porta la benedizione. Le opere portano la maledizione, o meglio, lasciano la persona sotto la maledizione. La maledizione è su tutti, poiché "chi non crede è già giudicato, perché non ha creduto nel nome dell'unigenito Figliuol di Dio". Giovanni 3:18. La fede elimina la maledizione.

Chi si trova sotto la maledizione? "Tutti coloro che si basano sulle opere della legge". Si noti che non dice che coloro che *osservano* la legge sono sotto la maledizione, poiché ciò sarebbe in contraddizione con Apocalisse di Giovanni 22:14: "*Beati* quelli che *osservano* i Suoi comandamenti, affinché possano avere diritto all'albero della vita, e possano entrare attraverso le porte nella città". "*Beati* coloro che sono integri nelle loro vie, che camminano secondo le leggi dell'Eterno!" Salmo 119:1.

Così, dunque, coloro che hanno la fede obbediscono alla legge; poiché coloro che hanno la fede sono benedetti, e coloro che adempiono i comandamenti sono benedetti. È per fede che essi adempiono i comandamenti. Siccome il Vangelo è contrario alla natura umana, noi diventiamo osservatori della legge non facendo, ma credendo. Se *operassimo* per la giustizia, noi non faremmo altro che usare la nostra natura umana peccaminosa, così anziché avvicinarci alla giustizia, ci saremmo invece allontanati da essa. Ma *credendo* alle "promesse eccezionalmente grandi e preziose", diventiamo "partecipi della natura divina" (2 Pietro 1:4), e quindi tutte le nostre opere sono formate in Dio. "I Gentili, che non cercavano la giustizia, hanno conseguito la giustizia, proprio la giustizia che deriva dalla fede. Ma Israele, che cercava la legge della giustizia, non ha conseguito la legge della giustizia. Perché? Perché non la ricercava per fede, ma come se si potesse acquisire attraverso le opere della legge. Poiché essi hanno urtato nella pietra d'inciampo; come sta scritto: Ecco, io pongo in Sion una pietra d'inciampo e pietra di scandalo: e chiunque crede in Lui non sarà svergognato". Romani 9:30-33.

## Che cos'è la Maledizione

Nessuno può leggere Galati 3:10 accuratamente e con riflessione, senza rendersi conto che la maledizione è la trasgressione della legge. La disobbedienza alla legge di Dio è di per sè la maledizione; poiché "il peccato è entrato nel mondo attraverso un uomo e la morte per mezzo del peccato". Romani 5:12. Il peccato contiene in se stesso la morte. Senza il peccato la morte sarebbe impossibile, poiché "il pungiglione della morte è il peccato". 1 Corinzi 15:56. "poiché tutti coloro che si basano sulle opere della legge sono sotto una maledizione". Perché? Perché la legge è una maledizione? Assolutamente no: "La legge è santa, e il comandamento è santo e giusto e buono". Romani 7:12. Perché, allora, tutti quelli che si basano sulle opere della legge sono sotto la maledizione? Poiché sta scritto, "Maledetto chiunque non osserva tutte le cose scritte nel libro della legge, e le fanno".

Notate bene: non sono maledetti perché *osservano* la legge, ma perché *non* l'osservano. Allora, vediamo che basarsi sulle opere della legge non significa che si sta osservando la legge. No! "La mente carnale è inimicizia contro Dio, perché non è sottomesso alla legge di Dio, e neppure *può* esserlo". Romani 8:7. *Tutti* sono sotto la maledizione, e chi pensa di uscirne con le proprie opere, rimane lì. Poiché la "maledizione" consiste nel non continuare a fare tutte le cose che sono scritte nella legge, pertanto la "benedizione" significa una perfetta conformità alla legge.

## Benedizione e Maledizione

"Ecco, io vi metto davanti la benedizione e la maledizione; la benedizione, se *ubbidite* ai comandamenti del Signore vostro Dio, che vi comando oggi: e la *maledizione, se non ubbidite* ai comandamenti del Signore, tuo Dio "Deuteronomio 11:26-28. Questa è la parola vivente di Dio, rivolta a ciascuno di noi personalmente. "La legge porta l'ira" (Romani 4:15), ma l'ira di Dio viene solo sui figli della *dis*ubbidienza (Efesini 5:6). Se crediamo veramente, non siamo condannati, perché la fede ci rende in armonia con la legge, la vita di Dio. "Chiunque ricerca la legge perfetta della libertà, e persevera in essa, non essendo un ascoltatore smemorato ma un facitore dell'opera, costui sarà beato nel suo operare". Giacomo 1:25.

## Le Buone Opere

La Bibbia non disprezza le buone opere. Al contrario, le esalta. "Questa è una parola fedele, e queste cose voglio che tu le affermi con forza, affinché quelli che hanno creduto in Dio abbiano cura di mantenere le buone opere. Queste cose sono buone ed utili". Tito 3:8. L'accusa fatta contro i non credenti è che "essi *rinnegano* Dio con le loro opere". Tito 1:16. Timoteo fu implorato di "ordinare a quelli che sono ricchi in questo mondo", "che facciano del *bene*, che siano ricchi di opere *buone*". 1 Timoteo 6:17, 18. E l'apostolo Paolo ha pregato per tutti noi affinché possiamo "camminare in modo degno del Signore per piacerGli, portando frutto in *ogni* opera buona". Colossesi 1:10. Inoltre, siamo certi che Dio ci ha creati "in Cristo Gesù per le opere buone", "affinché camminiamo in esse". Efesini 2:10.

Egli stesso ha preparato queste opere per noi, le ha fatte e le ha conservate per tutti coloro che confidano in Lui. Salmo 31:19. "Questa è l'opera di Dio: che crediate in Colui che Egli ha mandato". Giovanni 6:29. Le buone opere ci sono richieste, ma noi non le possiamo fare. Esse possono essere compiute solo da Colui che è buono, e che è Dio. Se vi è mai nulla di buono in noi, è Dio che opera in noi. Tutto quel che Egli fa è perfetto. "Ora il Dio della pace, che ha tratto dai morti il Signore nostro Gesù, il grande Pastore delle pecore, in virtù del sangue del patto eterno, vi renda compiuti in ogni buona opera, per fare la Sua volontà, operando in voi ciò che è gradito nel Suo cospetto, per mezzo di Gesù Cristo; al Quale sia la gloria nei secoli dei secoli. Amen". Ebrei 13:20, 21.

**Galati 3:11 Poiché è manifesto che nessuno è giustificato mediante la legge davanti a Dio, perché: "Il giusto vivrà per la fede". 12 Ora la legge non proviene dalla fede, ma "l'uomo che farà queste cose vivrà per mezzo di esse".**

## Chi Sono i Giusti?

Quando leggiamo l'affermazione tanto ripetuta, "Colui che è giusto per fede vivrà", è necessario avere le idee chiare su ciò che significa la parola "giusto". La versione King James dice: "Colui che è giusto vivrà per fede". Essere giustificati per fede significa essere resi giusti dalla fede. "Ogni iniquità è peccato" (1 Giovanni 5:17), e "il peccato è la trasgressione della legge" (1 Giovanni 3:4). Pertanto ogni ingiustizia è la trasgressione della legge, e, naturalmente, ogni giustizia è l'obbedienza alla legge. Così vediamo che è giusto l'uomo che *obbedisce* alla legge, ed essere giustificato significa essere reso *obbediente* alla legge.

## Come Diventare Giusti

Operare la giustizia è il fine da raggiungere, e la legge di Dio è lo standard. "La legge produce l'ira", poiché "tutti hanno peccato", e "l'ira di Dio cade sui figli della *dis*ubbidienza". Come possiamo diventare obbedienti alla legge e così sfuggire all'ira, o alla maledizione? La risposta è: "Colui che per *fede* è giusto vivrà". È per fede, non per opere, che diventiamo obbedienti alla legge! "Col cuore si crede per *ottenere la giustizia*". Romani 10:10. Che nessun uomo è giustificato dalla legge agli occhi di Dio è evidente. Perché il giusto? Perché il giusto vivrà per fede". Se la giustizia si ottenesse per le opere, allora non sarebbe per fede; "Se è per grazia, non è più in base alle opere; altrimenti la grazia non sarebbe più grazia "Romani 11:6. "Or a colui che opera, la ricompensa non è considerata come grazia, ma come debito. Mentre colui che non opera, ma crede in Colui che giustifica l'empio, la sua fede gli è imputata come giustizia". Romani 4:4, 5.

Non vi è alcuna eccezione, nessuna via di mezzo; ma semplicemente che, "il giusto vivrà per fede". E questo dimostra che la giustizia non proviene dalle proprie opere. Tutti i giusti sono *resi* giusti e *mantenuti* tali solo per fede. Questo perché la legge è veramente santa; essa è molto superiore a quel che può compiere l'uomo; solo la potenza divina può adempierla; così è per fede che noi riceviamo il Signore Gesù, che vive la perfezione della legge in noi.

## La Legge Non per Fede

"La legge non si basa sulla fede". Naturalmente si tratta della legge scritta, non importa se si tratta di un libro o su delle tavole di pietra. Questa legge dice semplicemente, "Fate questo", oppure, "non fate quello". "Colui che farà queste cose vivrà per esse". Questa è l'unica condizione con la quale la legge scritta offre la vita. Le opere, e soltanto le opere, sono raccomandate per ottenerla. Come si ottengono queste opere non ha alcuna importanza, purchè esse siano presenti. Ma nessuno ha adempiuto i requisiti della legge, quindi non possono esserci dei *facitori* della legge; vale a dire, nessuno capace di mostrare l'obbedienza perfetta nella propria vita.

"Colui che *fa* queste cose vivrà per esse". Ma uno deve essere *vivo* per poterle fare! Un uomo morto non può fare nulla, e colui che è "morto nei falli e nei peccati" non può fare opera di giustizia. Cristo è l'unico in cui ci sia la vita, perché Egli è la vita, e Lui solo ha vissuto e può realizzare la giustizia della legge. Quando, invece di essere negato e represso, è riconosciuto e ricevuto, Egli vive in noi tutta la pienezza della Sua vita, così che non siamo più noi che viviamo, ma è Cristo che vive in noi. Poi la sua obbedienza in noi ci rende giusti. La nostra fede è imputata come giustizia semplicemente perché la nostra fede si appropria del Cristo vivente. Per fede concediamo che i nostri corpi siano templi di Dio. Cristo, la Pietra Vivente, è custodito nei nostri cuori, che diventano troni di Dio. E così in Cristo la legge vivente diventa la nostra vita, poiché "dall'abbondanza del cuore la bocca parla".

**Galati 3:13 Cristo ci ha riscattati dalla maledizione della legge, essendo diventato Lui stesso maledizione per noi (poiché sta scritto: "Maledetto chiunque è appeso al legno"), 14 affinché la benedizione di Abramo pervenisse ai gentili in Cristo Gesù, perché noi ricevessimo la promessa dello Spirito mediante la fede.**

## Il Vero Problema in Questione

In questa lettera non vi è alcuna controversia sulla legge se bisogna ubbidirla oppure no. Nessuno aveva sostenuto che la legge fosse stata abolita o modificata o avesse perso la sua forza. La lettera non contiene niente che suggerisca una cosa del genere. La questione non riguardava *se* la legge dovesse essere osservata, ma *come* doveva essere osservata. La giustificazione—ovvero essere resi giusti—era riconosciuta una necessità. La domanda era: "Viene ottenuta per fede o per le opere?" I "falsi fratelli" cercavano di persuadere il Galati che essi dovevano essere resi giusti con le proprie forze. Paolo per mezzo dallo Spirito stava dimostrando che tutti questi tentativi erano inutili, e il risultato conduceva a legare ancor piu saldamente il peccatore alla maledizione.

La giustizia per mezzo della fede in Gesù Cristo è presentata a tutti gli uomini in ogni tempo come l'unica giustizia vera. I falsi maestri hanno fatto *della legge* il loro vanto, ma attraverso la sua trasgressione il nome di Dio veniva bestemmiato. Paolo ha fatto *di Cristo* il suo vanto, e attraverso la giustizia della legge alla quale si sottomise, egli fece si che il nome di Dio fosse glorificato in lui.

## Il Pungiglione del Peccato

Che la morte sia la maledizione, è evidente dall'ultima parte del versetto 13: "Maledetto chi pende dal legno". Cristo è stato fatto maledizione per noi, in quanto Egli fu appeso ad un albero, cioè, era stato crocifisso. Ma il peccato è la causa della morte: "Per un solo uomo il peccato è entrato nel mondo, e la morte per mezzo del peccato; e così la morte passò su tutti gli uomini, poiché tutti hanno peccato". Romani 5:12. "Il pungiglione della morte è il peccato". 1 Corinzi 15:56. Così con il versetto 10, troviamo la sostanza di quanto viene detto, che coloro che non "osservano tutte le cose scritte nella legge" sono *morti*. Ciò significa che la disobbedienza è la morte.

"Quando la lussuria ha concepito, partorisce il peccato e il peccato, quando è finito, produce la morte". Giacomo 1:15. Il peccato contiene la morte, e gli uomini che sono al di fuori di Cristo sono "morti per i falli e i peccati". Efesini 2:1. Non importa che essi camminano apparentemente pieni di vita. Le parole di Cristo sono, "Se non mangiate la carne del Figlio dell'uomo e non bevete il Suo sangue, non avete in voi la vita". Giovanni 6:53. "Colei che vive nel piacere benché sia viva, è morta", 1 Timoteo 5:6. È una morte vivente—un corpo votato alla morte—pur essendo ancora in vita. Romani 7:24. Il peccato è la trasgressione della legge. Il salario del peccato è la morte. La maledizione, dunque, è la morte che si porta a presso, celata anche nel peccato più attraente. "Maledetto chiunque non osserva tutte le cose scritte nel libro della legge, per compierle".

## Redenzione Dalla Maledizione

"Cristo ci ha riscattati dalla maledizione della legge". Certuni che leggono questo in modo superficiale si affrettano ad esclamare freneticamente: "Non abbiamo bisogno di osservare la legge, perché Cristo ci ha riscattati dalla sua maledizione", come se il testo dicesse che Cristo ci abbia riscattati dalla maledizione dell'obbedienza. Tali persone leggono le Scritture senza profitto. La maledizione, come abbiamo visto, è la *dis*obbedienza: "Maledetto chiunque *non* osserva tutte le cose scritte nel libro della legge, e non le adempie". Quindi Cristo ci ha riscattati dalla disobbedienza alla legge. Dio mandò il Suo Figlio "a somiglianza della carne del peccato e per il peccato, ... in modo che la giustizia della legge *si adempisse* in noi". Romani 8:3, 4.

Qualcuno potrebbe dire con leggerezza: "Allora siamo a posto; qualsiasi cosa facciamo è giusta per quanto concerne la legge, dal momento che noi siamo redenti". È vero che tutti sono redenti, ma non tutti hanno *accettato* la redenzione, o il riscatto. Molti dicono di Cristo, "Noi non vogliamo che quest'Uomo regni su noi", e gettono via la benedizione di Dio. Ma la redenzione è per *tutti*. *Tutti* sono stati acquistati col prezioso sangue—la vita—di Cristo, e *tutti* possono, se lo desiderano, essere liberi dal peccato e dalla morte. Noi siamo redenti dalla "futile condotta ereditata dai nostri padri" con quel sangue. 1 Pietro 1:18.

Fermatevi un po' a meditare su ciò che questo significa. Permettete a tutta la forza dell'annuncio di imprimersi nella la vostra coscienza. "Cristo ci ha riscattati dalla maledizione della legge"—dalla nostra incapacità di adempiere tutte le sue giuste richieste. Non dobbiamo più peccare! Egli ha tagliato le corde del peccato che ci legavano, in modo che noi non abbiamo da fare altro che accettare la sua salvezza, al fine di essere liberi da ogni peccato che ci assedia.

Non è più necessario trascorrere tutta la vita sforzandosi assiduamente a vivere una vita migliore e rimpiangere invano i nostri desideri che non abbiamo potuto realizzare. Cristo non ci dà false speranze, ma Egli si avvicina ai prigionieri del peccato e grida loro: "Libertà! Le porte della vostra prigione sono aperte. Uscite". Che altro si può dire? Cristo ha riportato la vittoria completa su questo mondo perverso, sulla "concupiscenza della carne, la concupiscenza degli occhi e la superbia della vita" (1 Giovanni 2:16), e la nostra fede in Lui fa sì che la Sua vittoria sia anche la nostra. Non dobbiamo fare altro che accettarla.

## Cristo Fatto una Maledizione per Noi

Che "Cristo morì per gli empi" (Romani 5:6) è evidente a tutti coloro che leggono la Bibbia. Egli "è stato dato a cagione delle nostre offese". Romani 4:25. L'innocente ha sofferto per il colpevole, il Giusto per l'ingiusto. "Egli è stato trafitto per le nostre trasgressioni. Egli è stato schiacciato per le nostre iniquità; il castigo, per cui abbiam pace è caduto su di Lui; per le Sue piaghe noi siamo stati guariti. Noi tutti come pecore eravamo erranti; ognun di noi seguiva la sua propria via; e il Signore ha fatto ricadere su di lui l'iniquità di noi tutti". Isaia 53:5, 6. Ma la morte è venuta in seguito al peccato. La morte è la maledizione che è passata su tutti gli uomini, semplicemente perché "tutti hanno peccato". Così, come Cristo fu "fatto una maledizione per noi", ne consegue che Cristo fu "fatto peccato per noi". 2 Corinzi 5:21. Egli "portò i nostri peccati nel Suo corpo" sull'albero. 1 Pietro 2:24. Si noti che i nostri peccati erano "*nel Suo corpo*". Quel che Egli compì non fu un'opera superficiale. I nostri peccati non furono fatti ricadere su di Lui solo in senso figurato, ma erano "nel Suo corpo". E' stato "fatto una maledizione" per noi ed "è stato fatto peccato" per noi, di conseguenza ha sofferto la morte per noi.

Per alcuni questa verità sembra ripugnante. Per i Greci, è follia, per gli Ebrei una pietra d'inciampo. Ma per noi che siamo salvati, è "la potenza di Dio". Vedere 1 Corinzi 1:23, 24. Ricordate che Egli portò *i nostri peccati* nel proprio corpo, non i Suoi peccati, poiché egli non ha mai peccato. La stessa Scrittura che ci dice che Egli è stato fatto peccato per noi, ha cura di farci capire che "non aveva conosciuto peccato". Lo stesso testo che ci dice che ha portato i nostri peccati "nel Suo corpo", tiene a farci sapere che Egli "non commise peccato". Il fatto che Egli poté portare il nostro peccato su di Lui e in Lui, essendo fatto effettivamente peccato per noi, ma senza aver fatto alcun peccato, è per Sua gloria eterna e per la nostra salvezza dal peccato in eterno. Tutti i peccati di tutti gli uomini erano su di Lui, ma nessuno ha mai riscontrato su di Lui alcuna traccia di peccato. Nessun peccato fu mai manifestato nella Sua vita, sebbene Egli avesse preso su di Sè ogni peccato. Egli lo ricevette e l'*inghiottì* tramite la *forza* della Sua vita infinita in cui la morte viene inghiottita. Egli può sopportare il peccato e tuttavia rimanere incontaminato da esso. È per mezzo di questa meravigliosa vita che Egli ci redime. Egli ci dà la Sua vita in modo che noi possiamo essere liberati da ogni macchia di peccato che è nella nostra carne.

Cristo, "nei giorni della Sua carne, quando offrì preghiere e supliche e forti grida e lacrime a Colui che era in grado di salvarLo dalla morte", "è stato esaudito in quel che Temeva" Ebrei 5:7. Però morì! Nessuno Gli ha tolto la Sua vita. Egli la depose affinché potesse prenderla di nuovo. Giovanni 10:17, 18. I legami della morte furono sciolti, "perché non era possibile che questa Lo tenesse in suo potere". Atti 2:24. Perché non fu possibile che la morte Lo trattenesse, anche se Egli si era consegnato volontariamente in suo potere? Perché "non aveva conosciuto il peccato". Egli prese il peccato su di Sè, ma fu salvato dal potere del peccato. Egli "in tutte le cose" è stato fatto "simile ai Suoi fratelli", "tentato in ogni cosa come noi" (Ebrei 2:17, 4:15), e siccome da Se stesso non poteva far nulla (Giovanni 5:30), Egli pregò che il Padre lo preservasse dall'essere sconfitto e dal cadere quindi sotto la potenza della morte. E fu esaudito. Nel Suo caso si adempirono queste parole: "Il Signore, l'Eterno, M'ha soccorso; perciò non sono stato confuso: perciò ho reso la Mia faccia simile ad un macigno, e so che non sarò svergognato. Vicino è Colui che Mi giustifica; chi contenderà Meco?" Isaia 50:7, 8.

Di chi era dunque il peccato che lo opprimeva, e dal quale fu liberato? Non era il proprio peccato, perché Egli non aveva alcun peccato. È stato il tuo peccato e il mio. I nostri peccati sono già stati vinti—sono svaniti. Noi dobbiamo lottare solo con un nemico già sconfitto. Quando ci rivolgiamo a Dio nel nome di Gesù, essendoci sottomessi alla Sua morte e alla Sua vita in modo da non portare il Suo nome invano, poiché Cristo vive in noi, dobbiamo solo ricordare che ogni peccato pesava su di Lui, ed è ancora su di Lui, e che Egli è il vincitore, esclameremo prontamente: "Grazie a Dio, che ci dà la vittoria per mezzo del Signore nostro Gesù Cristo". 1 Corinzi 15:57. "Ora sia ringraziato

Dio, che ci fa sempre trionfare in Cristo, e manifesta il profumo della Sua conoscenza in noi in ogni luogo". 2 Corinzi 2:14.

## La Rivelazione della Croce

"L'albero" ci porta al tema inesauribile presentato in Galati 2:20 e 3:1—la sempiterna croce:

(1) La redenzione dal peccato e dalla morte si compie attraverso la croce, Galati 3:13.

(2) Tutto il Vangelo è contenuto nella croce. Poiché il Vangelo è "la potenza di Dio per la salvezza di chiunque crede". Romani 1:16. E "per noi che siamo salvati" la croce di Cristo "è potenza di Dio". 1 Corinzi 1:18.

(3) Cristo viene rivelato agli uomini caduti solo come Colui che è stato crocifisso ed è risorto. Non è dato altro nome sotto il cielo agli uomini, attraverso il quale si possa ottenere la salvezza. Atti 4:12. Quindi, questo è tutto quel che Dio mette davanti agli uomini, perché Egli non vuole confonderli. "Cristo e Lui crocifisso" è tutto ciò che Paolo voleva sapere. E questo è ciò che ogni uomo ha bisogno di sapere. L'unica cosa di cui hanno bisogno gli uomini è la salvezza. Se ottengono questo, essi ottengono tutte le cose. Ma la salvezza si trova solo nella croce di Cristo. Perciò Dio non mette nient'altro davanti agli occhi degli uomini; Egli dà loro proprio ciò di cui hanno bisogno. Gesù Cristo crocifisso è posto da Dio davanti ad ogni uomo, motivo per cui nessuno può trovare scuse per essere perduto o per continuare nel peccato.

(4) Cristo è presentato agli uomini come il Redentore crocifisso; e dal momento che gli uomini hanno bisogno di essere salvati dalla maledizione, Egli è presentato come portatore della maledizione. Ovunque ci sia una maledizione, si trova Cristo che la porta su di Sè. Abbiamo già visto che Cristo portò e porta ancora la nostra maledizione, che è anche la maledizione della terra stessa, poiché Egli ha portato la corona di spine, e la maledizione pronunciata sulla terra fu: "Spine e cardi porterà". Genesi 3:18. Quindi tutto il creato, che ora geme

sotto la maledizione, è stato redento tramite la croce di Cristo. Vedi Romani 8:19-23.

(5) Sulla croce Cristo portò la maledizione. Il fatto di essere divenuto maledizione per noi è stato dimostrato dall'essere stato appeso sulla croce. La croce è il simbolo non solo della maledizione, ma anche della liberazione dalla maledizione, poiché è la croce di Cristo, il Vincitore e Liberatore.

(6) Dov'è la maledizione? Ah, piuttosto dov'è che non c'è? Anche l'uomo più cieco lo può vedere, se egli riconosce l'evidenza dei propri sensi. L'imperfezione è una maledizione. E l'imperfezione è su tutto ciò che è collegato con questa terra, sì, questo è la maledizione. L'uomo è imperfetto, e anche la pianta più bella che cresce dalla terra è imperfetta sotto certi aspetti. Niente soddisfa le esigenze dell'occhio, ma dimostra una possibilità di miglioramento, anche se i nostri occhi inesperti non riescono a riconoscere la necessità assoluta di un miglioramento. Quando Dio fece la terra, tutto era "molto buono", o, come viene espresso nella lingua ebraica, "estremamente buono". Dio stesso non vedeva nessuna possibilità di miglioramento. Ma ora le cose sono diverse. Il giardiniere impiega la sua ingegnosità e il suo lavoro cercando di migliorare i frutti e i fiori che si trovano sotto la sua cura. E siccome anche il meglio di quel che produce la terra rivela la maledizione, cosa si deve dire delle piante nodose, rachitiche, dei germogli, delle foglie e dei frutti appassiti e distrutti, delle erbacce dannose e velenose? Ovunque "una maledizione divora la terra". Isaia 24:6.

(7) Dovremmo quindi essere scoraggiati? No. "Dio infatti non ci ha destinati all' ira, ma ad ottenere la salvezza per mezzo del Signore nostro Gesù Cristo". 1 Tessalonicesi 5:9. Anche se la maledizione è visibile ovunque, tuttavia le cose vivono, e gli uomini vivono. Ma la maledizione è la morte, e nessun uomo e nessuna cosa nel creato può subire la morte e tuttavia vivere ancora. La morte uccide. Ma Cristo è Colui che è vivente; Egli morì, ma è vivo per sempre. Apocalisse di Giovanni 1:18. Solo Lui può portare la maledizione—morte, e in virtù dei propri meriti tornare alla vita. C'è vita sulla terra e nell'uomo,

nonostante la maledizione, perché Cristo è morto sulla croce. Ogni filo d'erba, ogni foglia della foresta, ogni arbusto ed ogni albero, ogni fiore ed ogni frutto, e persino il pane che mangiamo, reca impressa la croce di Cristo. Nel nostro corpo c'è l'impronta di Cristo crocifisso. Ovunque c'è l'evidenza di quella croce. La predicazione della croce, il Vangelo, è la potenza di Dio, rivelata in tutte le cose che Egli ha fatto. Questa è "la potenza che opera in noi". Efesini 3:20. Un confronto di Romani 1:16-20 con 1 Corinzi 1:17, 18 mostra chiaramente che l'evidenza della croce di Cristo è riconoscibile in tutte le cose che Dio ha fatto—anche nei nostri corpi stessi.

## Coraggio dalla Disperazione

"Mali innumerevoli mi hanno circondato; le mie iniquità hanno preso piede su di me, in modo che io non sono in grado di guardare in alto; sono più che i capelli del mio capo: quindi sento che mi viene a mancare il cuore". Salmo 40:12. Non solo possiamo con fiducia gridare a Dio "dalla profondità", ma Dio, nella Sua infinita misericordia, ha disposto che la profondità stessa sia una fonte di fiducia. Il fatto che sebbene ci troviamo nella profondità del peccato viviamo ancora, prova che Dio stesso, nella persona di Cristo sulla croce, è presente con noi per liberarci. Quindi, attraverso lo Spirito Santo, tutto, anche ciò che è sotto la maledizione (poiché tutto è sotto la maledizione), predica il Vangelo. La nostra debolezza, invece di essere una causa di scoraggiamento, è, se crediamo al Signore, un pegno della redenzione. "Nella debolezza" siamo "fatti forti". "In tutte queste cose noi siamo più che vincitori per virtù di Colui che ci ha amati". Romani 8:37. In verità, Dio non ci ha lasciati senza testimonianza tra gli uomini. "Chi crede nel Figlio di Dio ha questa testimonianza in sè". 1 Giovanni 5:10.

## La Benedizione Dalla Maledizione

Cristo portò la maledizione onde la benedizione potesse venire su di noi. La Sua morte è la vita per noi. Se noi portiamo volontariamente nel nostro corpo la morte del Signore Gesù, anche la vita di Gesù sarà manifesta nella nostra carne mortale.

2 Corinzi 4:10. Egli è stato fatto peccato per noi, affinché noi potessimo diventare giustizia di Dio in Lui. 2 Corinzi 5:21. La benedizione che riceviamo attraverso la maledizione che Egli porta su di sè è la benedizione della liberazione dal peccato. Poiché così come la maledizione deriva dalla trasgressione della legge (Galati 3:10), la benedizione consiste nell'essere allontanati dalle nostre iniquità (Atti 3:26). Cristo ha sofferto la maledizione, anche il peccato e la morte, "affinché la benedizione di Abramo potesse venire sulle genti per mezzo di Gesù Cristo".

La benedizione di Abramo è, come sottolinea Paolo in un'altra lettera, la giustizia per fede: "Così pure Davide proclama la beatitudine dell'uomo a cui Dio imputa la giustizia senza opere, dicendo: Beati quelli le cui iniquità sono perdonate, e i cui peccati sono coperti. Beato l'uomo al quale il Signore non mette in conto il peccato". Romani 4:6-8.

Egli mostra, inoltre, che questa benedizione viene data alle genti che credono, così come agli Ebrei che credono, perché Abramo la ricevette quando *non era ancora circonciso*, "per fare di lui il padre di *tutti* quelli che credono". Versetto 11.

La benedizione è la liberazione dal peccato, così come la maledizione è il compimento del peccato. Così come la maledizione rivela la croce, il Signore fa sì che questa stessa maledizione proclami la benedizione. Il fatto che noi viviamo fisicamente, benché siamo peccatori, ci assicura che la liberazione dal peccato è nostra. "Finché c'è vita c'è speranza", dice l'adagio, poiché la nostra speranza è la [Sua] Vita.

Grazie a Dio per la beata speranza! La benedizione è venuta su tutti gli uomini. Poiché "come dal reato di uno è venuto il giudizio di condanna su tutti gli uomini; così anche con un solo atto di giustizia è venuta a tutti gli uomini la giustificazione che dà la vita". Romani 5:18. Dio, che è rispettoso delle persone, "ci ha benedetti in Cristo con ogni benedizione spirituale nei luoghi celesti". Efesini 1:3. Il dono è nostro da conservare. *Se qualcuno non ha questa benedizione, è perché non ha riconosciuto il dono, o l'ha deliberatamente gettato via.*

## Un'Opera Terminata

"Cristo ci ha riscattati dalla maledizione della legge", dal peccato e dalla morte. Questo Egli l'ha fatto "essendo divenuto maledizione per noi", e così noi siamo liberati da ogni necessità di peccare. Il peccato non può avere il dominio su di noi se accettiamo Cristo nella verità e senza riserve. Questa fu una verità presente ai tempi di Abramo, Mosè, Davide e Isaia, così come lo è oggi. Più di settecento anni prima che venisse eretta la croce sul Calvario, Isaia, che aveva testimoniato delle cose che aveva compreso, poiché il suo peccato era stato purificato con un "carbone ardente" preso dall'altare di Dio, disse: "E, nondimeno, eran le nostre malattie ch'Egli portava, erano i nostri dolori quelli di cui s'era caricato ... Egli è stato trafitto a motivo delle nostre trasgressioni, fiaccato a motivo delle nostre iniquità; il castigo, per cui abbiamo pace, è stato su Lui, e per le Sue lividure noi abbiamo avuto guarigione ... L'Eterno ha fatto cader su Lui l'iniquità di noi tutti", Isaia 53:4-6. "Ho cancellato, come una densa nube, le tue trasgressioni, e come una nuvola, i tuoi peccati: ritorna a me; poiché Io ti ho riscattato", Isaia 44:22. Molto prima del tempo di Isaia, Davide scrisse: "Non ci ha trattati secondo i nostri peccati; né ci ha ricompensati secondo le nostre colpe". "Quanto è lontano il levante dal ponente, tanto ha Egli allontanato le nostre trasgressioni da noi", Salmo 103:10, 12.

"Noi che abbiamo creduto entriamo in quel riposo", perché le "opere furono terminate fin dalla fondazione del mondo", Ebrei 4:3. La benedizione che abbiamo ricevuto è "la benedizione di Abramo". Non abbiamo altro fondamento se non quello posto dagli apostoli e i profeti, con Cristo stesso come pietra angolare. Efesini 2:20. Quella che Dio ha provveduto è una salvezza piena e completa. Essa ci spetta fin dal momento in cui veniamo al mondo. E noi non allegeriamo Dio da nessun fardello rigettandola, né aggiungiamo nulla al Suo lavoro accettandola.

## "La Promessa dello Spirito"

Cristo ci ha redenti "affinché possiamo ricevere la promessa dello Spirito mediante la fede". Non fate l'errore di leggere questo come se dicesse "affinché possiamo ricevere la promessa del dono dello Spirito". Non dice questo, e non significa questo, come mostrerà un breve studio. Cristo ci *ha* redenti, ed è questo che dimostra il dono dello Spirito, perché era soltanto "attraverso lo Spirito eterno" che Egli ha offerto Se stesso senza macchia a Dio. Ebrei 9:14. Se non fosse per lo Spirito, noi non avremmo saputo di essere peccatori. A maggior ragione non avremmo conosciuto la redenzione. Lo Spirito convince di peccato e di giustizia. Giovanni 16:8. "È lo Spirito che rende testimonianza, perché lo Spirito è la verità", 1 Giovanni 5:6. "Chi crede ... ha la testimonianza in sè". Versetto 10. Cristo è stato crocifisso per ogni uomo. Questo, come abbiamo già visto, è dimostrato dal fatto che siamo tutti sotto la maledizione, e solo Cristo porta la maledizione sulla croce. Ma è attraverso lo Spirito che Cristo dimora in terra fra gli uomini. La fede ci consente di ricevere la testimonianza di questo testimone e di gioire per ciò che ci è assicurato dalla possessione dello Spirito.

Notate inoltre: La benedizione di Abramo ci viene data affinché possiamo ricevere la promessa dello Spirito. Ma è solo attraverso lo Spirito che ci perviene la benedizione. Quindi la benedizione non ci può portare la promessa di ricevere lo Spirito. Noi abbiamo già lo Spirito *con* la benedizione. Ma, avendo la benedizione dello Spirito (vale a dire, la giustizia), noi siamo sicuri di ricevere ciò che lo Spirito promette ai giusti, vale a dire, una eredità eterna. Nel benedire Abramo, Dio gli aveva promesso un'eredità eterna. Lo Spirito è il pegno di *ogni* bene.

## Lo Spirito, Garanzia dell' Eredità

Tutti i doni di Dio sono di per sè la promessa che ne riceveremo ancora. C'è sempre molto di più in seguito. Col Vangelo, lo scopo di Dio è di riunire in uno solo tutte le cose in Cristo Gesù, "nel Quale siamo pur stati fatti eredi, ... in Lui avendo creduto, avete avuto il suggello dello Spirito Santo che era stato promesso, *il quale è il pegno della nostra eredità* fino alla piena redenzione di quelli che Dio s'è acquistati, a lode della Sua gloria". Efesini 1:11–14.

Di quest'eredità dobbiamo parlare più tardi. Basti ora dire che è l'eredità promessa ad Abramo, in cui noi diventiamo figli per fede. L'eredità appartiene a *tutti* coloro che sono figli di Dio mediante la fede in Cristo Gesù. E lo Spirito che sigilla il nostro rapporto di figliolanza è la promessa, il pegno, primizia di quell'eredità. Coloro che accettano la gloriosa liberazione di Cristo dalla maledizione della legge—redenzione non dall'obbedienza alla legge, poiché l'obbedienza non è una maledizione, ma dalla *dis*obbedienza alla legge—hanno nello Spirito un assaggio della potenza e della benedizione del mondo a venire.

**Galati 3:15 Fratelli, io parlo alla maniera degli uomini: se un patto è ratificato, benché sia patto d'uomo, nessuno l'annulla o vi aggiunge qualche cosa. 16 Ora le promesse furono fatte ad Abrahamo e alla sua discendenza. La Scrittura non dice: "E alle discendenze" come se si trattasse di molte, ma come di una sola: "E alla tua discendenza", cioè Cristo. 17 Or io dico questo: la legge, venuta dopo quattrocentotrent'anni, non annulla il patto ratificato prima da Dio in Cristo, in modo da annullare la promessa. 18 Infatti, se l'eredità derivasse dalla legge, non verrebbe più dalla promessa. Or Dio la donò ad Abrahamo mediante la promessa.**

Il Vangelo della salvezza universale fu predicato ad Abramo. Egli ha creduto e ha ricevuto la benedizione della giustizia. *Tutti* coloro che credono sono benedetti con Abramo che ha creduto. Coloro che sono "della fede", cioè i credenti, sono figli di Abramo. "Le promesse sono state fatte ad Abramo e alla sua discendenza". "Se l'eredità è per la legge, non è più dalla promessa; ma Dio l'ha data ad Abramo mediante una promessa". La promessa fatta a noi è la stessa promessa fatta ad Abramo, la promessa di un'eredità che noi condividiamo come suoi figli.

## "E alla Sua Discendenza"

Non si tratta qui di un gioco di parole. La questione è di vitale importanza. La controversia riguarda il *modo* in cui si ottiene la salvezza, se unicamente per mezzo di Cristo, o per mezzo di Cristo *e* qualcos'altro o qualcun altro. Molti immaginano che *essi* devono salvare se stessi diventando buoni. Molti altri pensano che Cristo è un aiuto prezioso, un buon Assistente per i loro sforzi. Altri sono disposti a darGli il *primo* posto, ma non l'*unico* posto. Essi si considerano dei buoni secondi aiuti. È il Signore insieme a loro che compie il lavoro. Ma il nostro testo esclude ogni presunzione ed auto-affermazione. Non "discendenze", bensì la "*discendenza*". Non molte, ma una. "'E alla tua discendenza', che è Cristo". Cristo è quel Uno.

## Non Due Linee

Possiamo mettere la "progenie spirituale" in contrapposizione con la "progenie carnale" di Abramo. L'opposto dello *spirituale* è il *carnale*, e i figli della carne, a meno che non siano anche figli spirituali, non hanno nessuna parte in tutto ciò che riguarda l'eredità spirituale. È possibile che certi uomini camminino nel corpo in questo mondo e siano totalmente spirituali. E così devono essere, altrimenti non sono figli di Abramo. "Coloro che sono nella carne non possono piacere a Dio", Romani 8:8. "Carne e sangue non possono ereditare il regno di Dio". 1 Corinzi 15:50. C'è una sola linea di discendenti spirituali di Abramo, solo una serie di veri figli spirituali, ed essi sono coloro che sono "nella fede"—coloro che, ricevendo Cristo per fede, ricevono il potere di diventare figli di Dio.

## Tante Promesse in Una

Ma mentre la "discendenza" è al singolare, le promesse sono al plurale. Dio non dà nulla a nessun uomo che non sia stato promesso ad Abramo. Tutte le promesse di Dio trovano il loro adempimento in Cristo, nel quale Abramo credette. "Poiché quante sono le promesse di Dio, tutte trovano il loro sì in Lui; perciò pure per mezzo di Lui si pronunzia l'Amen alla gloria di Dio". 2 Corinzi 1:20.

## L'Eredità Promessa

Che la cosa promessa, e la somma di tutte le promesse, sia un'eredità, si vede chiaramente da Galati 3:15-18. Il versetto sedici ci dice che la legge, che arrivò quattrocentotrenta anni dopo che la promessa era stata fatta e confermata, non può annullare l'effetto di quella promessa. "Perché, se l'eredità viene dalla legge, essa non viene più dalla promessa; ora ad Abramo

Dio l'ha donata per mezzo della promessa". Versetto 18. Che cos'è quest'eredità promessa lo si può vedere confrontando il versetto appena citato con Romani 4:13: "La promessa d'esser erede del mondo non fu fatta ad Abramo o alla sua discendenza in base alla legge, ma in base alla giustizia che vien dalla fede". Quindi, mentre i cieli d'adesso e la terra, "per la medesima Parola son custoditi, essendo riservati al fuoco per il giorno del giudizio e della perdizione degli uomini empi", quando "i cieli infuocati si dissolveranno, e gli elementi infiammati si struggeranno", " secondo la Sua promessa, noi aspettiamo nuovi cieli e nuova terra, nei quali abiti la giustizia". 2 Pietro 3:7, 12, 13. Questa è la patria celeste, alla quale aspiravano Abramo, Isacco e Giacobbe.

## Un'Eredità Senza Maledizione

"Cristo ci ha riscattati dalla maledizione... affinché noi potessimo ricevere la promessa dello Spirito mediante la fede". Abbiamo visto che questa "promessa dello Spirito" è il possesso di tutta la terra rinnovata—riscattata dalla maledizione. Poiché "la creazione stessa sarà anch'essa liberata dalla schiavitù della corruzione, per entrare nella libertà della gloria dei figli di Dio". Romani 8:21. La terra fresca e nuova uscita dalla mano di Dio, perfetta sotto ogni aspetto, è stata dato all'uomo come suo possesso. Genesi 1:27, 28, 31. L'uomo ha peccato e ha portato su di sè la maledizione. Cristo ha preso su di sè tutta la maledizione, sia quella dell'uomo che quella di tutta la creazione. Ha riscattato la terra dalla maledizione, affinché potesse diventare la proprietà eterna, conformemente all'intenzione che Dio aveva avuto in origine; ed Egli ha inoltre redento l'uomo dalla maledizione, affinché potesse essere idoneo per possedere tale eredità. Il Vangelo è questo, in sintesi. "Il dono di Dio è la vita eterna in Cristo Gesù, nostro Signore". Romani 6:23. Questo dono della vita eterna è incluso nella promessa dell'eredità, perché Dio ha promesso la terra ad Abramo e alla sua discendenza "in possesso perenne". Genesi 17:8. Si tratta di un'eredità di giustizia, perché la promessa che Abramo sarebbe diventato erede del mondo era attraverso la giustizia per fede. La giustizia, la vita eterna, e un luogo dove vivere in eterno, tutte queste cose sono nella promessa, ed esse costituiscono tutto quel che può essere desiderato o dato. Redimere l'uomo, senza poi dargli un posto in cui vivere, sarebbe un'opera incompleta. Le due azioni sono parte di una cosa sola. Il potere tramite il quale siamo redenti è il potere della creazione, tramite il quale i cieli e la terra saranno fatti nuovi. Quando tutto sarà compiuto, "non ci sarà più maledizione". Apocalisse di Giovanni 22:3.

## I Patti della Promessa

Il patto e la promessa di Dio sono la stessa cosa. Questo si deduce chiaramente da Galati 3:17, dove Paolo afferma che annullare l'alleanza vorrebbe dire rendere vana la promessa. In Genesi 17 leggiamo che Dio ha fatto un *patto* con Abramo per dargli in possesso perenne il paese di Canaan. Galati 3:18 dice che Dio l'ha dato a lui mediante una *promessa*. I patti di Dio con gli uomini non possono essere altro che delle promesse fatte a loro: "Chi Gli ha dato per primo, e Gli sarà contraccambiato? Poiché da Lui, e per mezzo di Lui, e per Lui sono tutte le cose". Romani 11:35, 36.

Dopo il Diluvio Dio ha fatto un "patto" con tutti gli animali della terra, e con tutti gli uccelli; ma le bestie e gli uccelli non hanno promesso nulla in cambio. Genesi 9:9–16. Essi ricevettero semplicemente il favore dalla mano di Dio. Questo è tutto quel che possiamo fare—ricevere. Dio ci ha promesso tutto quello di cui abbiamo bisogno, e più di quanto possiamo chiedere, o pensare, in dono. Noi diamo a Lui noi stessi, cioè, niente. Ed Egli ci dona Se stesso, cioè tutto. Ciò che causa tutti i problemi è che anche se gli uomini sono disposti a riconoscere il Signore, essi vogliono negoziare con Lui. Essi vogliono che sia un affare "reciproco"—una transazione in cui essi possano considerarsi alla pari con Dio. Ma chiunque ha a che fare con Dio deve fare i conti con Lui alle Sue condizioni, cioè, sulla base dei fatti—che noi non abbiamo nulla e non siamo nulla, mentre Lui ha tutto ed è tutto e dà tutto.

## Il Patto Ratificato

Il patto (vale a dire, la promessa di Dio di dare agli uomini la terra interamente rifatta, dopo averli liberati dalla maledizione) è stato "in precedenza ratificato da Dio". Cristo è il Garante della nuova alleanza, l'alleanza eterna. "Poiché tutte le promesse di Dio trovano il loro sì in Lui; perciò pure per mezzo di Lui si pronunzia l'Amen alla gloria di Dio". 2 Corinzi 1:20. In Lui abbiamo ottenuto l'eredità (1 Pietro 1:3, 4), poiché lo Spirito Santo è la primizia dell'eredità, ed il possesso dello Spirito Santo è Cristo stesso che dimora nel cuore per fede. Dio benedisse Abramo, dicendo: "Nella tua progenie tutte le nazioni della terra saranno benedette", e questo si adempie in Cristo, che Dio ha mandato per benedirci, *allontanandoci* dalle nostre iniquità. Atti 3:25, 26.

È stato il giuramento di Dio che ha ratificato il patto fatto con Abramo. Quella promessa e quel giuramento ad Abramo sono diventati il fondamento della nostra speranza, la nostra forte consolazione. È "sicura e ferma" (Ebrei 6:19), poiché il giuramento stabilisce Cristo come pegno, la nostra garanzia, ed Egli "vive per sempre" (Ebrei 9:25). Egli sostiene tutte le cose con la potenza della Sua parola. Ebrei 1:3 "In Lui tutte le cose sussistono". Colossesi 1:17. "Così, volendo Iddio mostrare in modo più convincente agli eredi della promessa l'immutabilità del Suo consiglio, intervenne con un giuramento". Ebrei 6:17 Questa è la nostra consolazione e speranza quando scappiamo per cercare rifugio dal peccato. Egli ha impegnato la propria esistenza, e con essa l'intero universo, per la nostra salvezza. Sicuramente la nostra speranza è posta su un solido fondamento nell'eccellenza della Sua Parola!

## La Legge Non Può Annullare la Promessa

Non dimentichiamo, continuando il nostro studio, che l'alleanza e la promessa sono la stessa cosa, e che viene trasmessa alla terra, proprio tutta la terra rinnovata, ad Abramo ed ai suoi figli. Ricordate anche che dal momento che solo la giustizia abiterà nei nuovi cieli e nella nuova terra, la promessa include anche il fatto di rendere giusti tutti coloro che credono. Questo viene realizzato in Cristo, nel Quale la promessa è confermata. Ora, "nessuno annulla il testamento di un uomo, o aggiunge ad esso, una volta che è stata ratificato". Quanto più questo deve essere vero nel caso del "testamento" di Dio!

Pertanto, dal momento che la giustizia perfetta ed eterna è stata assicurata dal "testamento" stipulato con Abramo, che è stato confermato anche in Cristo, mediante il giuramento di Dio, è impossibile che la legge annunciata quattrocentotrent'anni dopo potesse introdurre nuove caratteristiche. L'eredità è stata data ad Abramo mediante la *promessa*. Ma se dopo quattrocentotrent'anni si doveva sviluppare l'idea che ora l'eredità doveva essere acquisita in qualche altro modo, allora la promessa sarebbe stata priva di effetto, e il "testamento", o patto, sarebbe annullato. Ma *questo* comporterebbe il rovesciamento del governo di Dio e la fine della Sua esistenza. Poiché Egli ha impegnato la Sua stessa esistenza per *dare* ad Abramo e alla sua discendenza l'eredità e la giustizia necessaria per ottenerla. "Poiché la promessa d'esser erede del mondo non fu fatta ad Abramo o alla sua progenie in base alla legge, ma in base alla giustizia che vien dalla fede". Romani 4:13. Il Vangelo è stato altrettanto pieno e completo nei giorni di Abramo quanto è sempre stato o mai lo sarà. Nessuna aggiunta ad esso o cambiamento nelle sue disposizioni o condizioni può essere fatta dopo il giuramento di Dio ad Abramo. Nulla può essere tolto da esso nella forma in cui è esistito, e nessuna cosa può mai essere richiesta da qualsiasi uomo aldilà di quello che è stato richiesto ad Abramo.

**Galati 3:19 Perché dunque fu data la legge? Essa fu aggiunta a causa delle trasgressioni, finché fosse venuta la discendenza a cui era stata fatta la promessa; essa fu promulgata dagli angeli per mano di un mediatore. 20 Or il mediatore non è mediatore di una sola parte, ma Dio è uno.**

"Perché la legge allora?" L'apostolo Paolo fa questa domanda in maniera da mostrare con maggior enfasi il posto che occupa la legge nel Vangelo. E' una domanda molto naturale. Dal momento che l'eredità è totalmente basata sulla promessa, e un "testamento" o patto che viene confermato non può essere modificato (nulla può essere tolto da esso, e nulla aggiunto), perché è subentrata la legge quattrocentotrent'anni dopo? "Perché la legge allora?" Cosa ha a che fare qui? Che funzione svolge? A che cosa serve?

"È stata aggiunta a motivo delle trasgressioni". Sia ben chiaro che "l'inserimento della legge" al Sinai non fu l'inizio della sua esistenza. La legge di Dio esisteva già al tempo di Abramo, e fu da lui osservata. Genesi 26:5. La legge di Dio esisteva prima che fosse annunciata sul Sinai. Esodo 16:1-4, 27, 28. È stata "aggiunta", nel senso che al Sinai è stata data in dettagli più espliciti.

"A causa di trasgressioni" "Inoltre la legge è entrata, che l'offesa abbondi" (Romani 5:20), in altre parole, "affinché, per mezzo del comandamento il peccato diventasse estremamente peccante" (Romani 7:13). Essa fu data in circostanze di estrema solennità come un avvertimento ai figli di Israele, che con la loro incredulità erano in pericolo di perdere l'eredità promessa. Essi non credettero al Signore, come invece credette Abramo; e "tutto ciò che non procede dalla fede è peccato". Romani 14:23. Ma l'eredità è stata promessa "attraverso la giustizia della *fede*". Romani 4:13. Perciò i Giudei increduli non potevano riceverla.

Quindi la legge è stata annunciata a loro per convincerli che non possedevano la giustizia necessaria per possedere l'eredità. Infatti, anche se la giustizia non *viene* dalla legge, essa deve essere "testimoniata dalla legge". Romani 3:21. In breve, la legge fu data per dimostrare che loro non avevano fede e quindi non erano veri figli di Abramo, e che erano sulla buona strada per perdere l'eredità. Dio avrebbe messo la Sua legge nei loro cuori così come l'aveva messa nel cuore di Abramo, se essi avessero creduto. Ma quando essi non hanno creduto, continuando tuttavia a professare di essere eredi della promessa, è stato necessario mostrare loro nel modo più assoluto che la loro incredulità era peccato. La legge è stata annunciata a causa della trasgressione, o (che è la stessa cosa) per l'incredulità del popolo.

## La Fiducia in Se Stessi è Peccato

Il popolo di Israele era pieno di fiducia in se stesso e di incredulità in Dio, come dimostra il continuo mormorio contro la guida di Dio, e la loro presunzione di pensare di essere capaci di fare qualsiasi cosa Dio richiedesse, per adempiere le Sue promesse. Esodo 19:8. Essi avevano lo stesso spirito dei loro discendenti, che hanno chiesto: "Che dobbiamo *fare*, per operare le opere di Dio?" Giovanni 6:28. Erano talmente ignoranti per quel che concerne la giustizia di Dio, che hanno pensato di poter mettere in suo luogo la propria giustizia. Romani 10:3 Essi non potevano avvalersi della promessa, a meno che non riconoscessero il loro peccato. Di conseguenza, era necessario annunciare la legge.

## Il Ministero degli Angeli

"Non sono essi tutti spiriti incaricati di un ministero mandati a servire, per il bene di coloro che devono ereditare la salvezza?" Ebrei 1:14. Qual era il ruolo che dovevano svolgere le migliaia di angeli che erano presenti sul Sinai, non possiamo saperlo. Ma sappiamo che gli angeli hanno un interesse intimo e profondo verso ciò che riguarda l'uomo. Quando furono poste le fondamenta della terra, "tutti i figli di Dio gridarono di gioia". Giobbe 38:7. Una moltitudine dell'esercito celeste cantò le lodi, quando fu annunciata la nascita del Salvatore del genere umano. Questi esseri che "eccellono in forza" accompagnano il Re dei re, pronti a fare il Suo piacere, "ascoltando la voce della Sua parola". Salmo 103:20. Il fatto che essi erano presenti quando fu data la legge dimostra che si trattava di un evento di primaria grandezza ed importanza.

## "Attraverso un Intermediario"

La legge è stata data al popolo dal Sinai "attraverso un intermediario" (o "mediatore"). Chi era questo Mediatore? Non ci può essere che una risposta: "C'è un solo Dio, e un solo Mediatore fra Dio e gli uomini, l'Uomo Cristo Gesù". 1 Timoteo 2:5. "Ora il termine intermediario implica la presenza di più parti; ma Dio è uno". Dio e Cristo Gesù sono uno. Cristo Gesù è sia Dio che uomo. Nella mediazione tra Dio e l'uomo, Cristo Gesù rappresenta Dio per l'uomo e l'uomo per Dio. "Dio era in Cristo riconciliando a Sè il mondo" 2 Corinzi 5:19. Non vi è, e non può esserci altro mediatore tra Dio e gli uomini. "Né c'è salvezza in nessun altro; poiché non vi è alcun altro nome sotto il cielo dato agli uomini, per cui noi dobbiamo essere salvati". Atti 4:12.

## L'Opera di Cristo Come Mediatore

L'uomo si è allontanato da Dio e si è ribellato contro di Lui. "Noi tutti come pecore eravamo erranti". Isaia 53:6 Le nostre iniquità ci hanno separati da Lui. Isaia 59:1, 2 "La mente carnale è inimicizia contro Dio, perché non è sottomessa alla legge di Dio, e neppure può esserla". Romani 8:7. Cristo è venuto per distruggere l'inimicizia e riconciliarci con Dio; poiché Egli è la nostra pace. Vedi Efesini 2:14-16. Cristo "è morto per i nostri peccati una volta per tutte, il Giusto per gli ingiusti, per condurci a Dio". 1 Pietro 3:18. Attraverso lui abbiamo accesso a Dio. Romani 5:1, 2; Efesini 2:18. In Lui la mente carnale, la mente ribelle, viene rimossa, e al suo posto viene data la mente dello Spirito, "in modo che le giuste esigenze della legge siano adempiute in noi, che non camminiamo secondo la carne, ma secondo lo Spirito". Romani 8:4 L'opera di Cristo è di salvare ciò che era perduto, ripristinare ciò che era stato rotto, riunire ciò che era stato separato. Il suo nome è "Dio con noi". Con Lui che dimora in noi, siamo fatti "partecipi della natura divina". 2 Pietro 1:4.

L'opera di Cristo come "intermediario" non è limitata nel tempo o nello spazio. Essere mediatore significa di più rispetto ad essere intercessore. Cristo era mediatore prima che il peccato entrasse nel mondo, e sarà mediatore quando non ci sarà nessun peccato nell'universo, e non ci sarà più alcun bisogno di ricevere perdono. "In Lui tutte le cose sussistono". Egli è l'immagine fedele della figura del Padre. Egli è la vita. Solo in Lui e per mezzo di Lui la vita di Dio fluisce verso tutta la creazione. Egli è quindi il mezzo, il mediatore, il modo, la via, attraverso cui la luce della vita pervade l'universo. Non è diventato mediatore per la prima volta alla caduta dell'uomo, ma era tale dall'eternità. *Nessuno, non semplicemente nessun uomo, ma neppure qualsiasi altro essere creato, può venire al Padre se non attraverso Cristo.* Nessun angelo può stare alla presenza del divino se non in Cristo. Non è stato sviluppato alcun nuovo potere, non è stato necessario mettere in moto alcun marchingegno, per così dire, a causa dell'ingresso del peccato nel mondo. Il potere che aveva creato tutte le cose non ha fatto che continuare ad operare nella Sua misericordia infinita per restaurare ciò che era stato perduto. In Cristo sono state create tutte le cose; e, di conseguenza, in Lui abbiamo la redenzione mediante il Suo sangue. Vedere Colossesi 1:14–17. Il potere che pervade e sostiene l'universo è lo stesso potere che ci salva. "Ora a Colui che è in grado di fare infinitamente al di là di quel che domandiamo o pensiamo, secondo la potenza che opera in noi, a Lui sia la gloria nella Chiesa e in Cristo Gesù, per tutte le età, nel mondo senza fine. Amen". Efesini 3:20.

**Galati 3:21 La legge è dunque contraria alle promesse di Dio? Così non sia; perché se fosse stata data una legge capace di dare la vita, allora veramente la giustizia sarebbe venuta dalla legge. 22 Ma la Scrittura ha rinchiuso ogni cosa sotto il peccato, affinché fosse data ai credenti la promessa mediante la fede di Gesù Cristo.**

"La legge è dunque contro le promesse di Dio?" Niente affatto. Se lo fosse, non sarebbe nelle mani del Mediatore, Cristo, poiché tutte le promesse di Dio sono in Lui. 2 Corinzi 1:20. Troviamo la legge e la promessa riunite in Cristo. Noi possiamo riconoscere che la legge non era, e non è, contraria alle promesse di Dio dal fatto che Dio ha dato *sia* la promessa che la legge. Sappiamo anche che l'aver dato la legge non ha introdotto nessun nuovo elemento nel "patto", dal momento che, essendo stato confermato, niente poteva essere aggiunto o tolto da esso. Ma la legge non è inutile, altrimenti Dio non l'avrebbe data. Non è privo d'importanza se noi l'osserviamo o no, dato che Dio lo comanda. Tuttavia non è neppure contro la promessa, e non aggiunge ad essa alcun nuovo elemento. Perché? Semplicemente perché *la legge è nella promessa*. La promessa dello Spirito comprende: "Io porrò le Mie leggi nelle loro menti, e le scriverò sui loro cuori". Ebrei 8:10. E questo è ciò che Dio fece per Abramo quando gli diede il patto della circoncisione. Leggete Romani 4:11; 2:25–29; Filippesi 3:3.

## La Legge Esalta la Promessa

La legge è la giustizia, come Dio dice: "AscoltateMi, voi che conoscete la giustizia, o popolo che hai nel cuore la Mia legge". Isaia 51:7. Dunque, la giustizia che esige la legge è l'unica giustizia che possa ereditare la terra promessa. Essa si ottiene non per le opere della legge, ma per mezzo della fede. La giustizia della legge non si ottiene con gli sforzi umani di osservare la legge, ma per mezzo della fede. Vedere Romani 9:30-32. Pertanto, maggiore è la giustizia che la legge esige, maggiore è la promessa di Dio. Perché Egli ha promesso di darla a tutti coloro che credono. Sì, l'ha giurato. Quando, dunque, la legge fu pronunciata dal Sinai "di mezzo al fuoco, alla nuvola, e oscurità, con una grande voce" (Deuteronomio 5:22), accompagnata dal suono della tromba di Dio e con tutta la terra tremante alla presenza del Signore e dei Suoi santi angeli, fu mostrata l'inconcepibile grandezza e la maestà della legge di Dio. Per tutti coloro che ricordavano il giuramento di Dio ad Abramo fu una rivelazione della grandezza meravigliosa della promessa di Dio; poiché tutta la giustizia che la legge esige Egli ha giurato di darla a tutti coloro che hanno fiducia in Lui. La "grande voce" con la quale fu annunciata la legge era la grande voce che dalle cime della montagna proclamava la buona novella della misericordia salvifica di Dio. Vedere Isaia 40:9. I precetti di Dio sono promesse; essi *devono* necessariamente essere tali, perché Egli sa che noi non abbiamo alcun potere! Tutto ciò che Dio richiede è quello che Egli dà. Quando dice: "Tu non farai", possiamo ritenere come Sua promessa, che se solo crediamo in Lui, Egli ci preserverà dal peccato contro il quale ci avverte.

## Giustizia e Vita

"Se fosse stata data una legge capace di produrre la vita, allora sì, la giustizia sarebbe venuta dalla legge", Galati 3:21. Questo ci dimostra che la giustizia è vita. Non è una pura formula, una teoria morta o un dogma, ma è un'azione vivente. Cristo è la vita, ed è, di conseguenza, la nostra giustizia. La legge scritta su due tavole di pietra non poteva dare la vita più di quanto non la potevano dare le pietre su cui era scritta. Tutti i suoi precetti sono perfetti, ma i caratteri scolpiti sulla pietra non possono trasformarsi in un'azione. Colui che riceve solo la lettera della legge ha un "ministero che produce la condanna" e la morte. Ma "il Verbo si è fatto *carne*". In Cristo, la Pietra Vivente, la legge è vita e pace. Ricevendo*Lo* attraverso il "ministero dello Spirito", noi viviamo la vita di giustizia richiesta dalla legge.

Questo ventunesimo versetto mostra che il dono della legge era dato per sottolineare l'importanza della promessa. Tutte le circostanze che accompagnarono il dono della legge—la tromba, la voce, il terremoto, il fuoco, la tempesta, i tuoni e i lampi, la barriera mortale intorno al monte—dicevano che "la legge genera l'ira" ai "figli della disobbedienza". Ma il fatto stesso che l'ira che viene generata dalla legge viene solo sui figli della *dis*ubbidienza dimostra che la legge è buona, e che "chi la mette in pratica, vivrà per essa". Dio ha voluto scoraggiare gli uomini? Assolutamente no. La legge deve essere osservata, e *i terrori del Sinai furono designati per ricondurli al giuramento di Dio, che era stato fatto quattrocentotrent'anni prima con tutti gli uomini di tutti i tempi per rimanere come garanzia della giustificazione per mezzo del Salvatore crocifisso e vivente in eterno.*

## Come Possiamo Imparare a Sentire il Nostro Bisogno

Gesù disse a proposito del Consolatore, "quando sarà venuto, Egli convincerà il mondo quanto al peccato, alla giustizia e al giudizio". Giovanni 16:8. Di se stesso Gesù disse: "Non sono venuto a chiamare i giusti, ma i peccatori a convertirsi". "Non sono i sani che hanno bisogno del medico, ma i *malati*". Marco 2:17. Un uomo deve avvertire il suo bisogno prima di accettare un aiuto; egli deve conoscere la sua malattia prima di poter applicare il rimedio.

Dunque, la promessa di giustizia sarà totalmente inascoltata da parte di colui che non si rende conto di essere un peccatore. La prima parte dell'azione "confortante" dello Spirito Santo è quindi quella di convincere gli uomini di peccato. Quindi, "la Scrittura ha rinchiuso ogni cosa sotto peccato, affinché i beni promessi alla fede in Gesù Cristo fossero dati ai credenti". Galati 3:22. "Attraverso la legge viene la conoscenza del peccato". Romani 3:20. Colui che sa di essere un peccatore è sulla strada dell'ammissione; e "Se confessiamo i nostri peccati, Egli è fedele e giusto, da perdonarci i peccati e da purificarci da ogni colpa". 1 Giovanni 1:9.

Così la legge è nelle mani dello Spirito un agente attivo per convincere gli uomini ad accettare la pienezza della promessa.

Nessuno odia l'uomo che ha salvato la sua vita additandolo come un pericolo sconosciuto. Al contrario, tale uomo è considerato come un amico ed è sempre ricordato con gratitudine. Così pure sarà considerata la legge da parte di colui che è stato stimolato dalla sua voce che avverte di fuggire dall'ira a venire. Egli potrà dire con il salmista, "Io odio gli uomini dal cuor doppio, ma amo la Tua legge". Salmo 119:113.

**Galati 3:23 Ora, prima che venisse la fede noi eravamo custoditi sotto la legge, come rinchiusi, in attesa della fede che doveva essere rivelata.**

Si noti la somiglianza tra i versetti 8 e 22. "La Scrittura ha rinchiuso ogni cosa sotto peccato, affinché i beni promessi per la fede in Gesù Cristo fossero dati ai credenti". Versetto 22. "La Scrittura, prevedendo che Dio avrebbe giustificato i pagani per fede, rivelò il Vangelo in anticipo ad Abramo, dicendo: In te tutte le nazioni saranno benedette". Versetto 8. Vediamo che il Vangelo viene predicato dalla stessa cosa (la Scrittura) che "rinchiude" gli uomini sotto il peccato. La parola "rinchiudere" significa letteralmente "è confinata". Naturalmente, una persona che è confinato dalla legge è in carcere. Nei governi umani un criminale è confinato non appena la legge lo arresta. La legge di Dio è presente ovunque e sempre attiva. Pertanto *nell'istante in cui un uomo pecca è confinato*. Questa è la condizione di tutto il mondo, "poiché tutti hanno peccato", e "non c'è nessun giusto, neppure uno".

Quei ribelli ai quali Cristo ha predicato nei giorni di Noè erano in prigione. Vedi 1 Pietro 3:19, 20. Ma essi, come tutti gli altri peccatori, erano "prigionieri della speranza". Zaccaria 9:12. Dio "ha guardato dall'alto del Suo santuario; dal cielo il Signore guardò la terra; per ascoltare i gemito del prigioniero; per liberare quelli che sono condannati a morte". Salmo 102:19,20. Cristo è stato dato "per un patto verso il popolo, per una luce alle genti; per aprire gli occhi dei ciechi, per liberare i prigionieri dal carcere, e quelli che giacciono nelle tenebre nella casa della prigione". Isaia 42:6, 7.

Permettetemi di parlare per esperienza personale a chi ancora non conosce la gioia e la libertà del Signore. Un giorno, se non lo siete già, sarete nettamente convinti di peccato dallo Spirito di Dio. Potreste essere stati pieni di dubbi e di cavilli, di risposte pronte e di auto-difesa, ma poi non avrete più nulla da obbiettare. Allora non avrete più alcun dubbio sulla realtà di Dio e dello Spirito Santo e non sarà necessario alcun argomento per assicurarvi a questo proposito; conoscerete la voce di Dio che parla alla vostra anima e vi sentirete come l'antico Israele, "Non lasciate che Dio ci parli, altrimenti moriremo". Esodo 20:19. Allora saprete che cosa signifíchi essere "confinati" in una prigione le cui pareti sembrano chiudersi su di voi, non solo bloccando ogni via di fuga, ma dandovi anche l'impressione di sentirvi soffocati. I racconti di persone condannate a essere sepolte vive, con una pietra pesante posta su di loro, vi sembreranno molto vividi e reali, quando avrete sentito le tavole della legge frantumare la vostra vita e quando avrete l'impressione che una mano di marmo rompa il vostro stesso cuore. Quindi gioirete, al pensiero che siete rinchiusi per il solo scopo che la promessa per fede di Gesù Cristo possa essere accettata da voi. Non appena vi sarete appropriati di quella promessa, capirete che questa è la chiave che apre qualsiasi porta nel vostro "Castello del Dubbio" (vedere *The Pilgrim Progress*—Il Pellegrinaggio del Cristiano). Le porte della prigione si spalancheranno e voi direte, "L'anima nostra è scampata come un uccello dal laccio dei cacciatori; il laccio si è spezzato e noi siamo scampati". Salmo 124:7.

## Sotto la Legge, Sotto il Peccato

Prima che venisse la fede noi eravamo confinati sotto la legge, "chiusi" alla fede che sarebbe poi stata rivelata. Sappiamo che tutto ciò che non è per fede è peccato (Romani 14:23); di conseguenza, essere "sotto la legge" equivale a essere sotto il peccato. La grazia di Dio ci salva dal peccato, cosicché quando crediamo alla grazia di Dio non siamo più sotto la legge, perché siamo liberati dal peccato. *Coloro che sono sotto la legge, pertanto, sono i trasgressori della legge.* I giusti non sono *sotto* di essa, ma *camminano* in essa.

**Galati 3:24** Così la legge è stata nostro precettore per portarci a Cristo, affinché fossimo giustificati per mezzo della fede.

La Edizione Standard Revisionata rende "custode" al posto della traduzione della King James Version "maestro di scuola". Le traduzioni tedesche e scandinave usano una parola che significa "maestro di riformatorio".

La parola greca ci viene trasmessa come "pedagogo". Il *paidagogos* era lo schiavo del padre che accompagnava i ragazzi del padre a scuola per evitare che marinassero la scuola. Se essi tentavano di scappare egli li riportava indietro, ed era anche autorizzato a picchiarli per mantenerli sulla retta via. La parola ha finito per essere usata come "maestro di scuola", anche se la parola greca non trasmette l'idea di un maestro di scuola. "Supervisore" o "custode" sarebbe meglio. Colui che si trovava sotto questo custode, anche se libero in apparenza, era in realtà privato della propria libertà, proprio come se fosse effettivamente in una cella. Il fatto è che tutti coloro che non credono sono "sotto il peccato", "rinchiusi" "sotto la legge", e, quindi, la legge agisce come il loro supervisore o custode. È la legge che non li lascia andare. Il colpevole non può sfuggire dalla sua colpevolezza. Anche se Dio è misericordioso e pietoso, Egli non assolverà il colpevole. Esodo 34:6, 7. Cioè, Egli non mentirà chiamando bene il male. *Ma Egli fornisce un modo con cui il colpevole può perdere la sua colpa.* Allora la legge non limiterà più la sua libertà, ed egli potrà vivere libero in Cristo.

## Libertà in Cristo

Cristo dice: "Io sono la porta", Giovanni 10:9. Egli è nello stesso tempo l'ovile e il Pastore. Gli uomini immaginano che quando sono fuori dall'ovile sono liberi, e che entrare nell'ovile significherebbe una limitazione della loro libertà; ma è esattamente il contrario. L'ovile di Cristo è "un luogo di grandi dimensioni", mentre l'incredulità rinchiude in una prigione angusta. Il peccatore non può avere che una gamma ristretta di pensieri. Il vero pensatore libero è colui che comprende "con tutti i santi quale sia l'ampiezza, la lunghezza, l'altezza e la profondità dell'amore di Cristo, che sorpassa ogni conoscenza". Efesini 3:18, 19. Al di fuori di Cristo è schiavitù. In Lui solo c'è la libertà. Al di fuori di Cristo, l'uomo è in carcere, "catturati dai lacci del suo peccato". Proverbi 5:22.

"La forza del peccato è la legge". 1 Corinzi 15:56. È la legge che dichiara un uomo peccatore e lo rende consapevole della sua condizione. "Attraverso la legge arriva la conoscenza del peccato", e "il peccato non è imputato quando non c'è legge". Romani 3:20; 5:13. La legge costituisce davvero le mura della prigione del peccatore. Esse si chiudono su di lui, facendolo sentire a disagio, opprimendolo con una sensazione di peccato, come se facessero schizzar fuori la vita dal suo corpo. Mentre invano fa sforzi frenetici per fuggire, quei comandamenti stanno là, come mura solide della prigione. Da qualunque parte si giri, egli incappa in un comandamento che gli dice: "Non puoi trovare alcuna libertà per mezzo di me, poiché tu hai peccato". Se lui cerca di fare amicizia con la legge e promette di osservarla, non sarà in una situazione migliore, poiché il suo peccato rimane. Esso lo pungola e lo conduce verso l'unico modo di sfuggire—cioè "la promessa mediante la fede in Gesù Cristo". In Cristo egli è reso "libero davvero", poiché in Cristo c'è "la legge perfetta della libertà".

## La Legge Predica il Vangelo

Tutta la creazione parla di Cristo, proclamando la potenza della Sua salvezza. Ogni fibra dell'essere umano grida a Cristo. Gli uomini non se ne rendono conto, ma Cristo è "il Desiderio di tutte le nazioni" Aggeo 2:7. Solo Lui soddisfa "il desiderio di ogni essere vivente". Salmo 145:16. Solo in Lui si può trovare sollievo per i disordini e le brame del mondo. Ora, siccome Cristo, nel quale è la pace ("poiché Egli è la nostra pace"), sta cercando gli stanchi e oppressi e li chiama a sè (Matteo 11:28-30), e siccome ogni uomo ha desideri che nessuna cosa al mondo può soddisfare, è chiaro che se l'uomo viene risvegliato dalla legge ad una più acuta coscienza della sua condizione, e la legge continua a stimolarlo, non dandogli riposo, chiudendo ogni altra via di fuga, *l'uomo deve finalmente trovare la porta di sicurezza*, poiché questa è sempre aperta. Cristo è la città di rifugio in cui possono fuggire tutti coloro che sono perseguiti dal vendicatore del sangue, sicuri di essere bene accolti.Solo in Cristo il peccatore troverà sollievo dalla sferza della legge, perché in Cristo si adempie la giustizia della legge, e per mezzo di Lui essa si adempie in noi. Romani 8:4. La legge non permetterà a nessuno di essere salvato, a meno che egli non abbia "la giustizia che è di Dio mediante la fede", la fede di Gesù Cristo.

**Galati 3:25 Ma, venuta la fede, non siamo più sotto un precettore, 26 perché voi tutti siete figli di Dio per mezzo della fede in Cristo Gesù.**

"La fede viene dall'udire, e l'udire viene dalla Parola di Dio". Romani 10:17. Ogni volta che un uomo riceve la parola di Dio, la parola della promessa, che porta con sè la pienezza della legge, e non lotta più contro di essa, ma si arrende ad essa, la fede viene a lui. L'undicesimo capitolo di Ebrei mostra che la fede è venuto fin dall'inizio. Fin dai tempi di Abele gli uomini hanno trovato la libertà per fede. La fede è venuta ora, oggi. "Ora è il momento favorevole;ecco, ora è il giorno della salvezza". 2 Corinzi 6:2. "Oggi, se udite la sua voce, non indurite i vostri cuori". Ebrei 3:7.

**Galati 3:27 Poiché voi tutti che siete stati battezzati in Cristo, vi siete rivestiti di Cristo.**

"Sapete che tutti noi che siamo stati battezzati in Cristo Gesù, siamo stati battezzati nella Sua morte?" Romani 6:3. È attraverso la Sua morte che Cristo ci redime dalla maledizione della legge; *ma noi dobbiamo morire con Lui*. Il battesimo è "una morte a somiglianza della Sua morte". Noi usciamo dall'acqua per vivere "una vita nuova", proprio la vita di Cristo. Vedere Galati 2:20. Essendoci rivestiti in Cristo, noi siamo uno in Lui. Siamo completamente identificati con Lui. La nostra identità si perde nella Sua. Spesso si dice di uno che è stato convertito, "Lui è cambiato così tanto che non lo riconoscereste più. Non è lo stesso uomo. "No, non lo è. Dio l'ha trasformato in un altro uomo. Pertanto, essendo uno con Cristo, egli ha il diritto di avere ogni cosa a cui Cristo ha diritto, ed ha diritto ai "luoghi celesti", dove Cristo risiede. Egli viene sollevato dalla prigione del peccato al luogo ove mora di Dio. Questo ovviamente presuppone che il battesimo sia per lui una realtà, non una semplice forma esteriore. Non è semplicemente in *acqua* visibile che è battezzato, ma "in *Cristo*", nella Sua vita.

## Come Ci Salva il Battesimo

La parola greca per "battezzare" significa sprofondare in, o immergere. Il fabbro greco battezzava il suo ferro in acqua per raffreddarlo. La casalinga battezzava i piatti in acqua per pulirli. E per lo stesso scopo tutti "battezzano" le mani in acqua. Si, ogni uomo si battezza *spesso*, andando al *baptisterion*, cioè il bacino usato per questo scopo. Noi abbiamo la stessa parola tradotta come "battistero". Questo era, ed è, un luogo dove la gente poteva essere totalmente immersa in acqua.

Essere "battezzati in Cristo" indica quello che deve essere la nostra relazione con Lui. Dobbiamo essere inghiottiti e persi nella Sua vita. D'ora in poi solo Cristo deve essere visibile, di modo che non sia più io, ma Cristo; poiché "noi siamo stati sepolti con Lui ... per mezzo del battesimo nella morte". Romani 6:4. Il battesimo ci salva "mediante la risurrezione di Gesù Cristo" dai morti (1 Pietro 3:21), poiché siamo stati battezzati nella Sua morte, "affinché come Cristo fu risuscitato dai morti per mezzo della gloria del Padre, anche noi possiamo così camminare in novità di vita". Essendo riconciliati con Dio per mezzo della morte di Cristo, siamo "salvati mediante la Sua vita". Romani 5:10. Così il battesimo in Cristo, non solo il rituale, ma il fatto reale, ci salva effettivamente.

Questo battesimo è "la risposta di una buona coscienza verso Dio". 1 Pietro 3:21. Se non c'è una buona coscienza verso Dio, non c'è il battesimo Cristiano. Pertanto, la persona che deve essere battezzata deve essere abbastanza cresciuta per avere una coscienza in materia. Deve avere una consapevolezza del peccato, e anche del perdono per mezzo di Cristo. Deve conoscere la vita che c'è stata manifestata, e deve volontariamente rinunciare alla sua vecchia vita di peccato per una nuova vita di giustizia.

Il battesimo "non è la purificazione delle sozzure della carne" (1 Pietro 3:21), non è la pulizia esteriore del corpo, ma è la purificazione dell'anima e della coscienza. C'è una fontana aperta per il peccato e per l'impurità (Zaccaria 13:1), e in questa fontana scorre il sangue di Cristo. La vita di Cristo fluisce in un ruscello dal trono di Dio, nel mezzo del quale si trova l'Agnello immolato (Apocalisse di Giovanni 5:6), così come ha fluito dal costato di Cristo sulla croce. Quando "attraverso lo Spirito eterno" Egli stesso si offerse a Dio, dal suo costato fluì sangue ed acqua. Giovanni 19:34. Cristo "ha amato la Chiesa e ha dato Se stesso per essa, affinché la possa rendere santa, purificandola per mezzo dell'opera dell'acqua accompagnata dalla parola". Efesini 5:25, 26. Letteralmente, "un bagno di acqua nella Parola". Essendo sepolto nell'acqua nel nome del Padre, del Figlio e dello Spirito Santo, il credente coscienzioso dimostra la sua accettazione dell'acqua della vita, il sangue di Cristo, che purifica da ogni peccato, e che egli dona se stesso per vivere da quel momento in poi di ogni parola che esce dalla bocca di Dio. Da quel momento egli scompare, e solo la vita di Cristo sarà manifestata nella sua carne mortale.

**Galati 3:28 Non c'è né Giudeo né Greco, non c'è né schiavo né libero, non c'è né maschio né femmina, perché tutti siete uno in Cristo Gesù. 29 Ora, se siete di Cristo, siete dunque progenie d'Abrahamo ed eredi secondo la promessa.**

"Non v'è alcuna differenza". Questa è una nota dominante del Vangelo. Tutti sono ugualmente peccatori, e tutti sono salvati nello stesso modo. Coloro che vogliono fare una distinzione in base alla nazionalità, sostenendo che c'è qualcosa di diverso per l'Ebreo rispetto ai Gentili, potrebbero stabilire una differenza altrettanto in base al sesso e sostenere che le donne non possono essere salvate nello stesso modo e allo stesso tempo degli uomini.

Vi è un solo modo. Tutti gli esseri umani, di qualunque razza o condizione, sono uguali davanti a Dio. "Tutti voi siete uno in Cristo Gesù", e Cristo è quel Uno. "Non dice, 'e alle progenie,' come se si trattasse di molte; ma, come parlando di una sola, 'e alla Tua progenie,' che è Cristo". Galati 3:16. Non c'è che una "progenie", o discendenza, ma che comprende tutti coloro che sono di Cristo.

Rivestendoci di Cristo, "rivestiamo l'uomo nuovo, che è creato secondo l'immagine di Dio nella giustizia e nella santità". Efesini 4:24. Egli ha abolito nella sua carne l'inimicizia, la mente carnale, "affin di creare in sè stesso un uomo nuovo al posto di due". Efesini 2:15. Solo Lui è il vero uomo, "l'Uomo Cristo Gesù". Al di fuori di Lui non si manifesta la vera condizione di uomo. Noi raggiungiamo una situazione di "uomo perfetto" solo quando arriviamo "all'altezza della statura perfetta di Cristo". Efesini 4:13. Nella pienezza dei tempi Dio riunirà insieme in uno tutte le cose in Cristo. Ci sarà un solo Uomo e solo la giustizia di un Uomo, così come la "progenie" è solamente una. "Se siete di Cristo, allora siete progenie di Abramo, eredi secondo la promessa".

Cristo è "l'Erede". Questo è chiaramente indicato. Ma Cristo non ha vissuto per Sè stesso. Egli ha conquistato un'eredità, non per Sè stesso, ma per i Suoi fratelli. Lo scopo di Dio è quello di "raccogliere sotto un sol Capo, in Cristo tutte le cose". Efesini 1:10. Egli potrà finalmente porre fine a divisioni di ogni genere, e questo Egli lo compie ora in coloro che Lo accettano. In Cristo non ci sono distinzioni di nazionalità, e non ci sono né classi né ranghi. Il Cristiano pensa ad ogni altro uomo—sia egli inglese, tedesco, francese, russo, turco, cinese, o africano—semplicemente come ad un uomo, e come tale un possibile erede di Dio per mezzo di Cristo. Se quest'altro uomo, non importa quale sia la sua razza o nazione, è anche un Cristiano, allora il legame diventa reciproco e quindi ancora più forte. "Non c'è né Ebreo né Greco, non c'è né schiavo né uomo libero, non c'è né maschio né femmina; poiché tutti voi siete uno in Cristo Gesù".

È per questo motivo che è impossibile per un cristiano impegnarsi in guerra. Egli non conosce distinzione di nazionalità, ma considera tutti gli uomini come i suoi fratelli. La vita di Cristo è la sua vita, poiché egli è uno con Cristo. Sarebbe impossibile per lui combattere, così come sarebbe stato impossibile per Cristo impugnare una spada e combattere per autodifesa, quando i soldati Romani erano venuti ad arrestarLo. E due Cristiani non possono più combattere l'uno contro l'altro, così come Cristo non può combattere contro Se stesso.

Tuttavia, non siamo ora impegnati a discutere di guerra, ma stiamo semplicemente mostrando l'unità assoluta dei credenti in Cristo. Essi sono uno. Non c'è che solo "una Discendenza", e questa è Cristo. Per quanti milioni di veri credenti ci possano essere, essi sono uno soltanto in Cristo. Ogni uomo ha la sua propria individualità, ma è in ogni caso sempre e soltanto la manifestazione di una certa fase dell'individualità di Cristo. Il corpo umano ha molte membra, e tutti i membri differiscono nella loro individualità. Eppure vi è assoluta unità e armonia in ogni corpo sano. Per coloro che hanno rivestito "l'uomo nuovo", il quale si rinnova nella conoscenza, ad immagine di Colui che l'ha creato, "non c'è né greco né Ebreo, né circoncisione né incirconcisione, barbaro, Scita, schiavo o libero; ma Cristo è tutto e in tutti". Colossesi 3:11.

## Il Raccolto

Nella spiegazione di Cristo della parabola delle zizzania e del grano ci viene detto che "il buon seme [o discendenza] sono i figliuoli del regno". Matteo 13:38. L'agricoltore non permetterebbe che la zizzania venga estirpata fuori dal grano, poiché nella fase iniziale, sarebbe difficile distinguere il grano dalla zizzania, ed una parte del grano sarebbe distrutta.

Così Egli disse, "Lascia che crescano insieme fino alla mietitura; ed al tempo della mietitura dirò ai mietitori: Cogliete prima la zizzania e legatela in fasci per essere bruciata, il grano invece riponetelo nel mio granaio". Versetto 30. È alla mietitura che il seme viene raccolto. Lo sanno tutti.

Ma quel che la parabola mostra soprattutto è che è al tempo della raccolta che *il seme si manifesta pienamente*. In breve, che il seme si vedrà al *tempo della raccolta*. La raccolta aspetta solo che il seme sia pienamente manifestato e maturo.

Ma "la mietitura è la fine del mondo". Quindi il tempo in cui (Galati 3:19) è la fine del mondo, quando arriva il tempo in cui si adempierà la promessa di una nuova terra. In effetti, la "progenie" o "semenza" non potrebbe venire prima di quel tempo.

Leggete ora Galati 3:19, che dice che la legge fu pronunciata a causa della trasgressione "finché venisse la progenie alla quale era stata fatta la promessa". Che cosa impariamo da questo? Semplicemente questo: che la legge così com'era stata annunciata dal Sinai, senza il cambiamento di una singola lettera, è parte integrante del Vangelo e deve essere presentata nel Vangelo fino alla seconda venuta di Cristo alla fine del mondo. "Finché non siano passati il cielo e la terra, neppure un iota o un apice della legge passerà". Matteo 5:18. E cosa dire del tempo in cui il cielo e la terra passeranno e verrà un nuovo cielo ed una nuova terra? Allora non ci sarà bisogno di una legge scritta in un libro perché gli uomini possano predicare ai peccatori, mostrando loro i loro peccati. *Essa sarà nel cuore di ogni uomo*. Ebrei 8:10, 11. Sarà abolita? Assolutamente no. Ma incisa indelebilmente *nel cuore* di ogni individuo, scritta non con inchiostro, ma con lo Spirito del Dio vivente.

La "progenie" si riferisce a tutti coloro che appartengono a Cristo. E sappiamo che "l'eredità promessa" di Cristo non è ancora giunta alla sua pienezza. Quando Gesù Cristo fu sulla terra, non ricevette "l'eredità" promessa, così come non la ricevette nemmeno Abramo. Cristo non può entrare in possesso "dell'eredità" fino a quando non lo farà Abramo, poiché la promessa era fatta "ad Abramo *e* alla sua discendenza". Il Signore parlò per mezzo di Ezechiele dell'"eredità" nel momento in cui Davide aveva cessato di avere un rappresentante sul suo trono in terra, e predisse la sconfitta di Babilonia, Persia, Grecia e Roma, con queste parole: "La tiara sarà tolta, il diadema sarà levato; Ruina! Ruina! Ruina! Questo farò di lei; anch'essa non sarà più, finché non venga Colui a Cui appartiene il giudizio, e al Quale lo rimetterò". Ezechiele 21:31, 32.

Così Cristo siede sul trono di Suo padre, "aspettando ormai che i Suoi nemici vengano posti sotto i Suoi piedi". Ebrei 10:13. Presto Egli verrà. Coloro che sono guidati dallo Spirito di Dio, costoro sono figli di Dio e coeredi con Cristo, cosicché Cristo non possa entrare nell'eredità prima di loro. La "progenie" è una, non è divisa. Quando verrà a giudicare e ad uccidere coloro che scelsero di dire: "Non vogliamo che Costui regni su di noi" (Luca 19:14), Egli "verrà nella Sua gloria, e tutti gli angeli con lui". Matteo 25:31.

Allora la "progenie" sarà completa, e la promessa si compirà. E fino a quel momento la legge svolgerà fedelmente il suo compito di turbare e pungere le coscienze dei peccatori, non dando loro alcun riposo fino a quando essi non si identifichino con Cristo oppure non Lo rifiutino del tutto. Accettate le Sue condizioni? Cesserete le vostre lamentele contro la legge che vi salverebbe dallo sprofondare in un sonno fatale? E accetterete in Cristo la Sua giustizia? Allora, in quanto seme di Abramo, e eredi secondo la promessa, potrete gioire per la vostra libertà dalla schiavitù del peccato, cantando:

>"Sono figlio del Re,
>  Un figlio del Re!
> Con Gesù mio Salvatore,
>  Sono figlio del Re!"

# Galati Capitolo 4

## *"L'Adozione a Figli"*

**Galati 4:1** Ecco, io faccio un altro esempio: per tutto il tempo che l'erede è fanciullo, non è per nulla differente da uno schiavo, pure essendo padrone di tutto; 2 ma dipende da tutori e amministratori, fino al termine stabilito dal padre.

Deve essere evidente a tutti che la divisione fra i capitoli non comporta alcuna differenza nel soggetto. Il terzo capitolo si chiude con una dichiarazione su chi sono gli eredi, e il quarto capitolo continua con uno studio su come si diventa eredi.

Ai tempi di Paolo, anche se un bambino poteva diventare erede di una vasta tenuta, fin tanto che non avesse raggiunto l'età prevista non poteva disporre di essa più di quanto lo poteva un servo (o schiavo). Se egli non avesse mai raggiunto quell'età, allora non avrebbe mai potuto disporre della sua eredità. Per quanto riguarda una qualsiasi partecipazione nell'eredità, avrebbe vissuto tutta la sua vita come un servo.

**Galati 4:3** Così anche noi quando eravamo fanciulli, eravamo come schiavi degli elementi del mondo. 4 Ma quando venne la pienezza del tempo, Dio mandò il suo Figlio, nato da donna, nato sotto la legge, 5 per riscattare coloro che erano sotto la legge, perché ricevessimo l'adozione a figli.

Se consideriamo il quinto versetto, vediamo che "bambini" si riferisce alla condizione in cui ci troviamo noi stessi prima di ricevere "l'adozione come figli". Ciò rappresenta la nostra condizione prima di essere stati riscattati dalla maledizione della legge, vale a dire, prima che ci fossimo convertiti. Ciò non significa figli di Dio nel senso di essere distinti dalla gente del mondo, ma i "figli" di cui parla l'Apostolo in Efesini 4:14, come "sballottati qua e là e portati da ogni vento di dottrina, secondo l'inganno degli uomini, per la loro astuzia in arti ingannatrici". In breve, Paolo si riferisce a noi nel nostro stato non convertito, quando "eravamo per natura figli d'ira, come il resto del genere umano". Efesini 2:3.

"Quando eravamo bambini" noi eravamo in servitù sotto gli "elementi del mondo". "Poiché tutto ciò che è nel mondo, la concupiscenza della carne, la concupiscenza degli occhi e la superbia della vita, non è dal Padre, ma è dal mondo. E il mondo passa via con la sua concupiscenza". 1 Giovanni 2:16, 17. L'amicizia del mondo è inimicizia a Dio. "Chi dunque vuole essere amico del mondo si rende nemico di Dio". Giacomo 4:4. È per liberarci da questa "malvagia era presente" che Cristo è venuto. Noi siamo avvertiti: "state attenti che nessuno vi faccia sua preda con la filosofia e con vanità ingannatrice, secondo la tradizione degli uomini, secondo gli elementi del mondo, e non secondo Cristo". Colossesi 2:8. La schiavitù agli "elementi del mondo" è il risultato del camminare secondo "l'andazzo di questo mondo", "nelle concupiscenze della nostra carne, adempiendo i desideri della carne e della mente", essendo "per natura figli d'ira". Efesini 2:1–3. È la stessa schiavitù descritta in Galati 3:22–24, "prima che venisse la fede", quando "eravamo confinati sotto la legge", sotto il peccato. È la condizione degli uomini che sono "senza Cristo, esclusi dalla cittadinanza d'Israele ed estranei ai patti della promessa, non avendo speranza, ed essendo senza Dio nel mondo". Efesini 2:12.

## Tutti gli Uomini Possono Diventare Eredi

Dio non ha rinunciato alla razza umana. Dal momento che il primo uomo creato è stato chiamato "il figlio di Dio", tutti gli uomini possono anche loro essere eredi. "Prima che venisse la fede", anche se tutti vagavano lontani da Dio, noi eravamo "sotto la legge", sorvegliati da un padrone severo, tenuti in freno in modo che potessimo essere indotti ad accettare la promessa.

Quale grande benedizione: Dio considera anche gli empi, coloro che sono in schiavitù del peccato, come Suoi bambini, vagabondi, figliuoli prodighi, ma ancora bambini! Dio ha fatto tutti gli uomini "accettevoli nel suo amato Figlio". Efesini 1:6. Questa vita come tempo di prova ci è data allo scopo di darci la possibilità di riconoscerlo come Padre e di diventare davvero figli. Ma a meno che non torniamo a Lui, noi moriremo come schiavi del peccato.

Cristo è venuto "quando venne la pienezza del tempo". Una dichiarazione parallela in Romani 5:6 dice: "Mentre eravamo ancora impotenti, al momento giusto, Cristo morì per gli empi". Ma la morte di Cristo serve per coloro che vivono ora e per coloro che hanno vissuto prima che Egli si manifestasse nella carne in Giudea, così come anche per gli uomini che hanno vissuto in quel tempo. L'efficacia della Sua morte non fu maggiore per gli uomini di quella generazione. La Sua morte è venuta una volta per tutte, quindi ha un effetto uguale in ogni età. "Quando venne la pienezza del tempo" si riferisce al tempo predetto nella profezia, quando il Messia doveva essere rivelato; ma la redenzione era per tutti gli uomini di *tutte* le età. Egli fu preordinato prima della fondazione del mondo, ma è stato "*manifestato* negli ultimi tempi". 1 Pietro 1:20. Se il piano di Dio fosse stato che Egli avrebbe dovuto essere rivelato in questo secolo, o addirittura nell'ultimo anno prima della fine del tempo, ciò non avrebbe comportato alcuna differenza per il vangelo. Poiché Egli "Vive sempre" (Ebrei 7:25), ed ha sempre vissuto: "Io sono lo stesso ieri, oggi e sempre". (Ebrei 3:8). È "attraverso lo Spirito eterno" che Egli offre Se stesso per noi ( Ebrei 9:14), in modo che il sacrificio è ugualmente presente ed efficace in ogni epoca.

## "Nato di Donna"

Dio mandò Suo Figlio, "nato di donna", e, quindi, un vero uomo. Egli ha vissuto e sofferto tutti i mali e i problemi che cadono sull'uomo. "Il Verbo si fece carne", Giovanni 1:14. Cristo ha sempre definito Se stesso come "il Figlio dell'uomo", identificandosi così per sempre con l'intero genere umano. Il vincolo di unione non potrà mai essere spezzato.

Essendo "nato da donna", Cristo è necessariamente nato "sotto la legge", poiché tale è la condizione di tutta l'umanità. "In tutte le cose Egli doveva essere fatto simile ai Suoi fratelli, affinché egli sia un sommo sacerdote misericordioso e fedele nelle cose che riguardano Dio, per espiare i peccati del popolo". Ebrei 2:17. Egli prese tutto su Se stesso. "Egli ha portato le nostre malattie e i nostri dolori". Isaia 53:4. "Egli ha preso le nostre infermità e si è addossato le nostre malattie". Matteo 08:17. "Noi tutti come pecore eravamo erranti; ognuno seguiva la propria strada; e il Signore fece ricadere su di Lui l'iniquità di noi tutti". Isaia 53:6. Egli ci redime venendo letteralmente nel nostro posto e portando Lui stesso il peso che toglie dalle nostre spalle. "Colui che non ha conosciuto peccato, Egli L'ha fatto esser peccato per noi, affinché noi diventassimo giustizia di Dio in Lui". 2 Corinzi 5:21.

Nel senso più pieno della parola e ad un livello raramente pensato quando si usa l'espressione, Egli è diventato sostituto dell'uomo. Cioè, Egli si identifica così pienamente con noi, che tutto ciò che ci tocca o ci colpisce, Lo tocca e Lo colpisce. "Non io, ma Cristo". Abbiamo gettato le nostre preoccupazioni su di Lui, umiliandoci nella nostra nullità, e lasciando tutto il nostro carico su di Lui solo.

Pertanto vediamo già come Egli sia venuto "per riscattare coloro che erano sotto la legge". Egli questo lo fa nel modo più pratico e reale. Alcuni suppongono che questa espressione significhi che Cristo ha esentato gli Ebrei dalla necessità di offrire sacrifici, o da qualsiasi obbligo di continuare ad osservare i comandamenti. Ma se solo gli Ebrei erano "sotto la legge", allora Cristo è venuto a riscattare solo gli Ebrei. Dobbiamo riconoscere che noi siamo, o eravamo prima di aver creduto, "sotto la legge". Poiché Cristo non è venuto a redimere nessun altro, se non quelli che erano sotto la legge. Essere "sotto la legge", come abbiamo già visto, significa essere condannati a morte dalla legge come trasgressori. Cristo "non è venuto a chiamare i giusti, ma i peccatori al ravvedimento", Matteo 9:13. Ma la legge non condanna nessun altro se non coloro che sono obbligati rispetto ad essa e sono tenuti ad osservarla. Dal momento che Cristo ci redime dalla condanna della legge, ne consegue che Egli ci redime per condurci ad una vita di obbedienza ad essa.

## "Affinché Noi Potessimo Ricevere l'Adozione come Figli"

"Carissimi, ora siamo figli di Dio". 1 Giovanni 3:2. "A tutti quelli che l'hanno ricevuto, Egli ha dato potere di diventare figli di Dio: a quelli cioè che credono nel Suo nome". Giovanni 1:12. Questa è una situazione del tutto diverso da quella descritta in Galati 4:3 come bambini. In quella situazione noi eravano "un popolo ribelle, bambini bugiardi, bambini che non ascoltavano la legge del Signore". Isaia 30:9. Credendo a Gesù e ricevendo "l'adozione a figli", siamo descritti "come figli obbedienti, pertanto non vi conformate alle concupiscenze del tempo passato quand'eravate nell'ignoranza". 1 Pietro 1:14. Cristo disse: "Mi diletto a fare la Tua volontà, o Mio Dio; La Tua legge è nel Mio cuore". Salmo 40:8. Pertanto, dal momento che Egli diventa il nostro sostituto, letteralmente prendendo il nostro posto, non *invece* di noi, ma entrando *in* noi e vivendo la Sua vita *in* noi, ne consegue necessariamente che la stessa legge deve essere nel nostro cuore quando riceviamo l'adozione di figli.

**Galati 4:6 E che voi siete figli ne è prova il fatto che Dio ha mandato nei nostri cuori lo Spirito del suo Figlio che grida: Abbà, Padre! 7 Quindi non sei più schiavo, ma figlio; e se figlio, sei anche erede per volontà di Dio.**

Oh, che gioia e che pace vengono su di noi con l'entrata dello Spirito nel nostro cuore in qualità di residente permanente, non come un ospite, ma come unico proprietario! "Essendo giustificati per fede, abbiamo pace con Dio per mezzo del Signore nostro Gesù Cristo", in modo che ci rallegriamo anche nelle tribolazioni, avendo una speranza che non delude mai, "poiché l'amore di Dio è stato sparso nei nostri cuori mediante lo Spirito Santo che ci è stato dato". Romani 5:1, 5. Quindi possiamo amare come Dio ama, poiché condividiamo la Sua stessa natura divina. "Lo Spirito stesso attesta insieme col nostro spirito che siamo figli di Dio". Romani 8:16.

Come ci sono due tipi di "bambini", così pure ci sono due classi di "schiavi". Mentre i "figli d'ira" sono uomini schiavi del peccato, i servi di Dio non lo sono. Il Cristiano è un "servo"—un servo di Dio; ma egli serve in un modo molto diverso da quello con cui lo schiavo del peccato serve Satana. Il carattere del servo dipende dal padrone a cui serve.

In questo capitolo, il termine "servo" invariabilmente si applica non ai servi di Dio, ma agli schiavi del peccato. Tra lo schiavo del peccato e un figlio di Dio vi è una grande differenza. Lo schiavo non possiede nulla e non ha alcun controllo su se stesso. Questa è la sua caratteristica che lo distingue. Al figlio nato libero, al contrario, viene dato il dominio su ogni cosa creata, così com'era all'inizio, poiché è unito a Dio.

Quando il figliuol prodigo si allontanò dalla casa del padre, "non era meglio di una schiavo", poiché egli stava facendo il più umile lavoro. In quella condizione ritornò alla tenuta del padre sentendosi di non meritare un posto migliore di quello di un servitore. Ma il padre lo ricevette come un figlio, anche se aveva perduto ogni diritto di essere figlio.

Anche noi abbiamo perso il diritto di essere chiamati "figli". Abbiamo dilapidato l'eredità. Ma Dio ci riaccoglie effettivamente di nuovo in Cristo come figli. Egli ci dà gli stessi diritti e privilegi di Cristo. Anche se Cristo è ora in cielo alla destra di Dio, "al di sopra di ogni principato, di potere, e di potenza, signoria e di ogni altro nome che si possa nominare non solo in questo mondo, ma anche in quello che è a venire" (Efesini 1:21), egli condivide la Sua eredità con noi.

"Dio, che è ricco di misericordia, per il grande amore con il quale ci ha amati, anche quando eravamo morti nei falli, ci ha vivificati [ci ha fatti vivi] insieme con Cristo. ... E ci ha risuscitati con lui, e ci ha fatti sedere nei luoghi celesti in Cristo". Efesini 2:4-6. Cristo è uno con noi nella nostra presente sofferenza, affinché noi possiamo essere uno con Lui nella Sua presente gloria. Egli ha "esaltato gli umili". Luca 1:52. Anche adesso, "solleva l'indigente dalla polvere; solleva il povero dal letame, per farli sedere con i prìncipi che ereditano un posto d'onore". 1 Samuele 2:8. Nessun re sulla terra ha così grandi possedimenti o così tanto potere effettivo, come il più povero contadino che conosce il Signore come Padre.

**Galati 4:8 Ma un tempo, per la vostra ignoranza di Dio, eravate sottomessi a divinità, che in realtà non lo sono;**

Scrivendo ai Corinzi, Paolo disse: "Voi sapete che quando eravate pagani, eravate trascinati dietro ad idoli muti". 1 Corinzi 12:2. E così è stato anche coi Galati. Essi erano stati pagani, adoratori di idoli e schiavi delle superstizioni più degradanti.

Questa schiavitù è la stessa schiavitù a cui si riferiva il capitolo precedente—essendo "confinati sotto la legge". Questa è la stessa schiavitù in cui si trovano tutte le persone non convertite. Nel secondo e nel terzo capitolo di Romani ci viene detto che "non c'è differenza; poiché *tutti* hanno peccato". Gli Ebrei stessi che non conoscevano il Signore per esperienza personale erano nella stessa schiavitù, la schiavitù del peccato. "Chiunque commette peccato è *del diavolo*". 1 Giovanni 3:8. "Quello che i pagani sacrificano offrono ai demoni e non a Dio". 1 Corinzi 10:20. Se un uomo non è un Cristiano, è un pagano; non c'è via di mezzo. Se un Cristiano apostatizza, egli diventa un pagano.

Noi stessi, una volta camminavamo "secondo il corso di questo mondo, seguendo il principe della potenza dell'aria, dello spirito che al presente opera nei figli della disubbidienza". Efesini 2:2. "Anche noi un tempo eravamo insensati, disobbedienti, traviati, schiavi di varie passioni e di piaceri, menanti i nostri giorni in malizia ed invidia, odiati dagli uomini e odiandoci l'un l'altro". Tito 3:3. Eravamo "fatti schiavi ad esseri che per natura non sono dèi". Più il padrone è crudele, peggiore è la schiavitù! Con quale lingua si può descrivere l'orrore di essere in schiavitù della corruzione stessa?

**Galati 4:9 ora invece che avete conosciuto Dio, anzi da Lui siete stati conosciuti, come potete rivolgervi di nuovo a quei deboli e miserabili elementi, ai quali di nuovo come un tempo volete servire?**

Non è strano che agli uomini piaccia essere incatenati? Cristo ha proclamato "libertà ai prigionieri, e l'apertura del carcere per coloro che sono legati" (Isaia 61:1), dicendo "ai prigionieri, 'Uscite fuori,' e a coloro che sono nelle tenebre, 'Mostratevi'". (Isaia 49:9). Eppure alcuni che hanno ascoltato queste parole e sono usciti fuori e hanno visto la luce del "Sole di Giustizia" e assaggiato la dolcezza della libertà, in realtà voltano le spalle e tornano indietro nella loro prigione. Essi vogliono essere legati con le loro vecchie catene, persino accarezzandole, e si sforzano di far girare penosamente la ruota del peccato, lasciandosi trascinare via dal peccato. Non è un bel quadro! Gli uomini possono giungere ad amare le cose più rivoltanti, anche la morte stessa. Che immagine viva dell'esperienza umana!

**Galati 4:10 Voi infatti osservate giorni, mesi, stagioni e anni! 11 Temo per voi che io mi sia affaticato invano a vostro riguardo.**

C'è altrettanto pericolo per noi in questo rispetto come c'è stato allora per i Galati. Chi confida in se stesso sta adorando le opere delle sue mani al posto di Dio, proprio come fa veramente qualcuno che fa un'immagine e l'adora. È così facile per un uomo avere fiducia nella propria presunta perspicacia, nella sua capacità di prendersi cura di se stesso, e dimenticare che i pensieri, anche quelli dei saggi, sono vani, e che non vi è alcun potere, se non proveniente da Dio. "Non lasciate che l'uomo saggio si glori nella sua saggezza, né lasciate che il potente si glori nella sua forza, non lasciate che il ricco si glori nella sua ricchezza; ma chi si gloria si glori di questo: che ha intelligenza e conosce Me, che io sono il Signore, che esercita la benignità, il giudizio e la giustizia sulla terra, poiché in queste cose Mi compiaccio, dice il Signore". Geremia 9:23, 24.

**Galati 4:12 Siate come me, ve ne prego, poiché anch' io sono stato come voi, fratelli. Non mi avete offeso in nulla. 13 Sapete che fu a causa di una malattia del corpo che vi annunziai la prima volta il vangelo; 14 e quella che nella mia carne era per voi una prova non l' avete disprezzata né respinta, ma al contrario mi avete accolto come un angelo di Dio, come Cristo Gesù. 15 Che cosa è successo alla soddisfazione totale avevi allora? Vi rendo testimonianza che, se fosse stato possibile, vi sareste cavati anche gli occhi per darmeli. 16 Sono dunque diventato vostro nemico dicendovi la verità? 17 Costoro si danno premura per voi, ma non onestamente; vogliono mettervi fuori, perché mostriate zelo per loro. 18 E' bello invece essere circondati di premure nel bene sempre e non solo quando io mi trovo presso di voi. 19 figlioli miei, che io**

di nuovo partorisco nel dolore finché non sia formato Cristo in voi! 20 Vorrei essere vicino a voi in questo momento e poter cambiare il tono della mia voce, perché non so cosa fare a vostro riguardo.

L'apostolo Paolo fu mandato da Dio e Signore Gesù Cristo, ed egli consegnò un messaggio proveniente da Dio, non dall'uomo. L'opera era di Dio. Paolo non è stato altro che l'umile strumento, il "vaso di terra", che Dio aveva scelto come mezzo per realizzare il Suo glorioso vangelo della grazia. Pertanto, Paolo non si sentiva offeso quando il suo messaggio era inascoltato o addirittura rifiutato. "Voi non mi avete ferito affatto", dice. Egli non ha rimpianto l'opera che aveva prestato ai Galati, come se essa avesse rappresentato uno spreco del suo tempo; ma egli temeva per loro, col timore che la sua opera fosse stata inutile, per quanto li riguardava.

L'uomo che di tutto cuore, sinceramente può dire: "Non a noi, Signore, non a noi, ma al Tuo nome dà la tua gloria, per la Tua misericordia, e per amor della Tua verità" (Salmo 115:1), non può sentirsi personalmente ferito se il suo messaggio non è ricevuto. Chiunque si irrita quando il suo insegnamento è disprezzato o ignorato o respinto sdegnosamente mostra che ha dimenticato che erano le parole di Dio quelle che stava presentando, oppure che le aveva mescolate o sostituite con le sue proprie parole.

Nel passato questo orgoglio personale ha portato alle persecuzioni che hanno disonorato la chiesa che si professava come Cristiana. Sono sorti degli uomini che insegnavano cose perverse per trarre dietro di loro dei discepoli. Quando i loro detti e i loro dogmi non erano ascoltati, si sentivano offesi ed esercitavano la loro vendetta contro i cosiddetti "eretici". La persona consacrata deve chiedersi spesso, *di chi sono io il servitore?* Se di Dio, allora sarà soddisfatto di aver proclamato il messaggio che Dio gli ha dato, lasciando a Lui la vendetta che Gli appartiene.

## L'"Infermità Corporale" di Paolo

Dalle dichiarazioni incidentali contenute in questa lettera siamo in grado di raccogliere delle informazioni storiche. Essendo stato ritenuto in Galazia a causa della debolezza fisica, Paolo predicò il Vangelo "con dimostrazione di Spirito e di potenza" (1 Corinzi 2:4), cosicché la gente vide Cristo crocifisso in mezzo a loro e, accettandoLo, furono riempiti con la potenza e la gioia dello Spirito Santo. La loro gioia e benedizione nel Signore furono testimoniate pubblicamente, e di conseguenza subirono molta persecuzione. Ma essi non diedero alcuna importanza a tale persecuzione. Nonostante il suo aspetto "debole" (confrontare 1 Corinzi 2:1-5 e 2 Corinzi 10:10), essi ricevettero Paolo come il proprio messaggero di Dio a causa della lieta notizia che aveva portato. Essi apprezzarono talmente la ricchezza della grazia che aveva presentato loro, che avrebbero volentieri dato i propri occhi per rimediare alla sua debolezza.

Questo Paolo lo menziona in modo che i Galati possano vedere dove sono caduti, e che possano riconoscere che l'apostolo era sincero. Egli disse loro la verità una volta, ed essi si erano rallegrati in essa; non è possibile che egli sia diventato il loro nemico per il motivo che continua a dire loro la stessa verità.

Ma c'è ancora di più in questi riferimenti personali. Non dobbiamo immaginare che Paolo stesse implorando la simpatia personale quando si riferiva alle sue afflizioni ed alle gravi difficoltà sotto le quali aveva operato. Lungi da ciò. Nemmeno per un attimo egli perse di vista lo scopo per cui scriveva, vale a dire, per dimostrare che "la carne non giova a nulla" e che tutto ciò che è buono deriva dallo Spirito Santo di Dio. I Galati avevano "iniziato nello Spirito". Paolo era per natura di piccola statura e apparentemente debole nel corpo. Inoltre, quando li aveva incontrati per la prima volta soffriva di un dolore particolare. Tuttavia, egli predicò il Vangelo con una tale grande potenza che nessuno poteva fare a meno di vedere che c'era con lui, per quanto invisibile, una Presenza reale [di Dio]. Il Vangelo non è dell'uomo, ma bensì di Dio.

Il vangelo non era stato reso noto loro dalla carne, e non erano in debito alla carne per nessuna delle benedizioni che avevano ricevuto. Che cecità, che infatuazione ebbero allora, da pensare di perfezionare con le proprie forze ciò che nient'altro se non la potenza di Dio aveva potuto cominciare! Abbiamo imparato noi questa lezione?

## "Che cosa è successo alla soddisfazione totale avevi?"

Chiunque abbia mai avuto conoscenza del Signore sa che nella Sua accettazione c'è gioia. E ci aspettiamo sempre che un nuovo convertito abbia un volto raggiante e una testimonianza gioiosa. Così era stato coi Galati. Ma ora le loro espressioni di ringraziamento avevano lasciato il posto a litigi e conflitti. La prima gioia e il calore del primo amore stava via via morendo. Questo non era come avrebbe dovuto essere. "Il percorso dei giusti è come la luce splendente, che splende sempre di più fino al giorno perfetto". Proverbi 4:18. Il giusto vivrà per fede. Quando gli uomini si allontanano dalla fede o tentano di sostituire la fede con le opere, la luce si spegne. Gesù disse: "Queste cose ho detto a voi, che la Mia gioia *rimanga* in voi, e la vostra gioia sia piena". Giovanni 15:11. La fontana della vita non si esaurisce mai. La scorta non diminiuisce mai. Pertanto, se la nostra luce diventa fioca e la nostra gioia lascia il posto ad un'opera penosa e monotona, possiamo sapere che abbiamo deviato fuori dal sentiero della vita.

**Galati 4:21 Ditemi, voi che volete essere sotto la legge: non sentite forse cosa dice la legge? 22 Sta scritto infatti che Abramo ebbe due figli, uno dalla schiava e uno dalla donna libera. 23 Ma quello dalla schiava è nato secondo la carne; quello dalla donna libera, in virtù della promessa. 24 Ora, tali cose sono dette per allegoria: le due donne infatti rappresentano le due alleanze; una, quella del monte Sinai, che genera nella schiavitù, rappresentata da Agar. 25 Or Agar è il monte Sinai in Arabia e corrisponde alla Gerusalemme del tempo presente; ed essa è schiava con i suoi figli. 26 Invece la Gerusalemme di lassù è libera ed è la nostra madre. 27 Sta scritto infatti:**

"Rallègrati, sterile, che non partorisci;
   grida nell' allegria tu che non conosci i dolori del parto;
perché molti sono i figli dell' abbandonata,
   più di quelli della donna che ha marito".

Quanti sono coloro che amano delle strade che ognuno, ad eccezione di loro stessi, può vedere che li conducono direttamente alla morte. Con i loro occhi ben aperti alle conseguenze del loro corso di vita, essi persistono, deliberatamente scegliendo "i piaceri del peccato per una stagione", piuttosto che la giustizia e la vita eterna. Essere "sotto la legge" di Dio significa essere condannato da essa, in quanto peccatore, incatenato e destinato alla morte. Eppure molti milioni, oltre ai Galati, hanno amato e continuano ad amare questa condizione. Se solo avessero ascoltato ciò che dice la legge! Non c'è ragione per cui non dovrebbero ascoltare, poiché essa parla con voce di tuono. "Chi ha orecchie per intendere, intenda", Matteo 11:15.

Essa dice: "Caccia via la schiava e suo figlio; perchè il figlio della schiava non ereditarà con il figlio della donna libera", versetto 30. Essa parla di morte a tutti coloro che trovano piacere negli "elementi miserabili" del mondo. "Maledetto chiunque non rispetta tutte le cose scritte nel libro della legge, per metterle in pratica". Galati 3:10. Il povero schiavo deve essere cacciato fuori "nelle tenebre esteriori; là sarà pianto e stridore di denti". Matteo 25:30. "Poiché, ecco, il giorno viene, ardente come una fornace; e tutti i superbi, sì, e tutto ciò che opera empiamente saranno come stoppia; e il giorno che viene li divamperà, dice il Signore degli eserciti, che non lascerà loro né radice né ramo". Di conseguenza, "ricordatevi della legge di Mosè, mio servo, che io diedi in Horeb, per tutto Israele, con le leggi e le norme". Malachia 4:1, 4. Tutti coloro che sono "sotto la legge", sia che essi siano chiamati Ebrei o Gentili, Cristiani o pagani, sono schiavi di Satana—in schiavitù di trasgressione e di peccato—e devono essere "gettati fuori". "Chiunque commette peccato è schiavo del peccato. Lo schiavo non dimora in casa per sempre; ma il figlio vi dimora per sempre". Giovanni 8:34, 35. Grazie a Dio, allora, per "averci adottati come figli".

Dei falsi maestri cercavano di convincere i fratelli che rinunciando alla fede sincera in Cristo e confidando nelle opere che essi stessi potevano fare, sarebbero diventati figli di Abramo e così eredi delle promesse. "Quelli che sono i figli della carne, questi non sono i figli di Dio; ma i figli della promessa sono considerati il seme. "Romani 9:8. Ora, dei due figli di Abramo, uno è nato secondo la carne, e l'altro era dalla "promessa", nato dallo Spirito. "Per fede Sara stessa ricevette forza di concepire, anche quando era oltre l'età, dal momento che lei ritenne fedele Colui che aveva promesso". Ebrei 11:11.

Agar era una schiava Egiziana. I figli di una schiava sono schiavi, anche se il loro padre è libero. Quindi Agar avrebbe potuto portare alla luce soltanto dei bambini per la schiavitù.

Ma molto tempo prima che fosse nato il bambino-servo Ismaele, il Signore aveva chiaramente indicato ad Abramo che il suo proprio figlio libero, nato dalla sua moglie libera Sara, avrebbe ereditato la promessa. Tali sono le vie dell'Onnipotente.

## "Queste Donne Sono Due Patti"

Le due donne, Agar e Sara, rappresentano i due patti. Leggiamo che Agar è il monte Sinai, "concependo i bambini per la schiavitù". Proprio come Hagar poteva portare alla luce solo dei bambini schiavi, così la legge, proprio la legge che Dio aveva dato dal Sinai, non può generare uomini liberi. Non può fare altro che tenerli in schiavitù. "La legge porta l'ira", "dal momento che attraverso la legge è data la conoscenza del peccato". Romani 4:15; 3:20. Al Sinai il popolo promise di osservare la legge che era stata data. Ma con la loro propria forza non avevano il potere di osservarla. Il monte Sinai "generava i bambini per la schiavitù", poiché la loro promessa di rendersi giusti con le loro proprie opere non ebbe successo, e mai può averlo.

Considerate la situazione: il popolo era in schiavitù del peccato. Non avevano il potere di spezzare le loro catene. E il proferimento della legge non produsse alcun cambiamento di quella condizione. Se un uomo è in prigione per un crimine, egli non otterrà il rilascio ascoltando la lettura degli statuti o della legge. Leggendogli la legge che l'ha messo in prigione, gli si renderà più penosa la sua prigionia.

Allora non fu Dio stesso a condurli in schiavitù? Assolutamente no, dal momento che non li aveva indotti a fare quel patto al Sinai. Quattrocentotrent'anni prima di quel momento Egli aveva fatto un patto con Abramo, patto che era sufficiente per tutti gli scopi. Questo patto è stato confermato in Cristo, quindi è stato un patto dall'alto. Vedere Giovanni 8:23. Esso prometteva la giustificazione come un dono gratuito di Dio per mezzo della fede, e comprendeva tutte le nazioni. Tutti i miracoli che Dio aveva operato liberando i bambini d'Israele dalla schiavitù Egiziana non erano altro che dimostrazioni del Suo potere di liberarli (e liberare anche noi) dalla schiavitù del peccato. Sì, la liberazione dall'Egitto era una dimostrazione non solo della potenza di Dio, ma anche del Suo desiderio di liberarli dalla schiavitù del peccato.

Così, quando il popolo giunse al Sinai, Dio ricordò semplicemente loro ciò che aveva già fatto, e poi disse: "Ora dunque, se ubbidite davvero alla Mia voce e osservate il Mio patto, allora sarete un tesoro particolare a Me sopra tutte le persone; poiché tutta la terra è Mia". Esodo 19:5, 6. A quale patto Egli si riferì? Evidentemente a quello già esistente, la Sua alleanza con Abramo. Se essi avessero semplicemente mantenuto l'alleanza *di Dio,* mantenuto la fede, e creduto alla promessa di Dio, sarebbero stati un "tesoro particolare" a Dio. Essendo possessore di tutta la terra, Dio sarebbe stato in grado di fare per loro tutto quello che aveva promesso.

Il fatto che essi nella loro autosufficienza avevano avventatamente assunto su di loro tutta la responsabilità non prova che Dio li aveva costretti a fare quel patto.

Se i bambini d'Israele che erano usciti dall'Egitto avessero solo camminato, "nelle orme della fede del nostro padre Abramo" (Romani 4:12), non si sarebbero mai vantati di poter osservare la legge pronunciata dal Sinai, "poiché la promessa, che avrebbe dovuto essere l'erede del mondo, non fu fatta ad Abramo o alla sua progenie in base alla legge, ma in base alla giustizia che vien dalla fede", (Romani 4:13). La fede giustifica. La fede rende giusti. Se il popolo avesse avuto la fede di Abramo, essi avrebbero avuto la giustizia che egli aveva avuto. Al Sinai la legge, che era stata "pronunciata a causa della trasgressione", sarebbe stata nel loro *cuore*. Non avrebbero avuto bisogno di essere destati dalla loro condizione dai tuoni delle legge. Dio non pretese, e non pretende nemmeno ora, da nessuna persona di poter ottenere la giustizia tramite la legge proclamata dal Sinai, e tutto ciò che riguarda il Sinai lo dimostra. Eppure la legge è la verità, e deve essere osservata. Dio liberò il popolo dall'Egitto "affinché osservassero i Suoi statuti e ubbidissero alle Sue leggi". Salmo 105:45. Noi non otteniamo la vita osservando i comandamenti, ma Dio ci dà la vita onde noi possiamo osservarli attraverso la fede in Lui.

## Parallelismo dei Due Patti

L'apostolo quando parla di Agar e Sara dice: "Queste donne sono due patti". Questi due patti essitono ancora oggi. I due patti non sono questioni di tempo, ma di condizione. Che nessuno si aduli di non poter essere vincolato sotto il vecchio patto, pensando che il suo tempo è passato. Il tempo per questo è passato solo nel senso che "è sufficiente già il tempo trascorso a soddisfare la volontà dei pagani vivendo nelle dissolutezze, nelle passioni, nelle ubriachezze nelle orge, nelle gozzoviglie e nelle illecite pratiche idolatriche". 1 Pietro 4:3.

La differenza è proprio la differenza fra una donna libera e una schiava. I figli di Agar, non importa quanti ne abbia potuto avere, sarebbero stati schiavi, mentre quelli di Sara sarebbero stati necessariamente liberi. Così l'alleanza dal Sinai detiene in schiavitù "secondo la legge" tutti coloro che vi aderiscono, mentre il patto dall'alto dà la libertà, non la libertà dall'obbedienza alla legge, ma la libertà dalla disobbedienza ad essa. La libertà non si trova lontano dalla legge, ma nella legge. Cristo ci redime dalla maledizione, che è la trasgressione della legge, in modo che la benedizione possa venire su di noi. E la benedizione è l'obbedienza alla legge. "Beati quelli la cui via è senza macchia, che *camminano* nella legge del Signore". Salmo 119:1. *Questa benedizione è libertà.* "Io camminerò in libertà, poiché ho cercato i Tuoi precetti". Salmo 119:45.

La differenza fra i due patti può essere riassunta brevemente così: Nel patto dal Sinai noi stessi dobbiamo arrangiarci da soli ad osservare la legge, mentre nel patto dal cielo abbiamo la legge in Cristo [nel cuore]. Nel primo caso c'è la morte per noi, dal momento che la legge è più tagliente di ogni spada a doppio taglio, e noi non siamo in grado di gestirla senza risultati fatali. Ma nel secondo caso abbiamo la legge "nelle mani di un Mediatore". In un caso si tratta di quel che noi possiamo fare. Nell'altro caso, si tratta di ciò che *lo Spirito di Dio* può fare.

Tenete presente che in tutta la lettera ai Galati non vi è nessun dubbio al riguardo se la legge debba o no essere osservata. L'unico interrogativo è: *come* deve essere osservata? Deve essere opera nostra, di modo che la ricompensa non sarà per grazia, ma sarà qualcosa dovuta? O è Dio che opera in noi il volere e il fare il Suo beneplacito?

## Il Monte Sinai Comparato al Monte Sionne

Come ci sono i due patti, così pure ci sono due città a cui essi si riferiscono. Gerusalemme, che ora appartiene al vecchio patto, al Monte Sinai. Essa non sarà mai libera, ma sarà sostituita dalla città di Dio, la Gerusalemme celeste, che scende dal cielo. Apocalisse di Giovanni 3:12; 21:1-5. È la città per la quale Abramo sperava, la "città dalle salde fondamenta, il cui architetto e costruttore è Dio". Ebrei 11:10. Confronta Apocalisse 21:14, 19, 20.

Molti costruiscono grandi speranze—tutte le loro speranze—sulla Gerusalemme presente. Per tali uomini, "fino ad oggi, quando leggono il vecchio patto, lo stesso velo rimane, senz'essere rimosso". 2 Corinzi 3:14. Essi stanno in realtà guardando al Monte Sinai e all'antico patto per ottenere la salvezza. Ma questa non si trova lì. "Poiché voi non siete venuti al monte che si toccava con la mano, avvolto nel fuoco, né verso oscurità e il buio, né alla tempesta, né al suono della tromba, né alla voce che parlava delle parole …; ma voi siete venuti al monte Sion e alla città del Dio vivente, alla Gerusalemme *celeste* …, e a Gesù, il Mediatore del nuovo patto, e al sangue di aspersione, che parla meglio di quello d'Abele". Ebrei 12:18-24.

Chi guarda alla Gerusalemme presente per ricevere la benedizione guarda alla vecchia alleanza, al Monte Sinai, alla schiavitù. Ma chiunque adora con il viso rivolto verso la nuova Gerusalemme, colui che si attende di ricevere benedizioni solo da essa, guarda verso il nuovo patto, al monte Sion e alla libertà;

perchè la "Gerusalemme del cielo è libera". Da che cosa è libera? Libera dal peccato; e dal momento che è la nostra "madre", essa ci genera di nuovo in modo che anche noi diventiamo liberi dal peccato. Liberati dalla legge? Sì, certo, perchè la legge non ha alcuna condanna per quelli che sono in Cristo Gesù.

Ma non lasciatevi ingannare da nessuno con vane parole, dicendovi che ora potete calpestare quella legge che Dio stesso aveva proclamato in una maestà terribile dal Sinai. Venendo al monte Sion, cioè a Gesù, il Mediatore del nuovo patto, ed al sangue di aspersione, diventiamo liberi dal peccato, dalla trasgressione della legge. Il fondamento del trono di Dio in "Sion" è la Sua legge. Dal trono procedono gli stessi lampi e tuoni e voci (Apocalisse di Giovanni 4:5; 11, 19) che uscirono dal Sinai, poiché lì si trova la stessa legge. Ma esso è "il trono della grazia" (Ebrei 4:16), e quindi nonostante i tuoni veniamo a lui con coraggio, avendo l'assicurazione che otterremo misericordia da Dio. Noi troveremo così pure grazia per essere aiutati nel momento del bisogno, la grazia per aiutarci nell'ora della tentazione al peccato, poiché di mezzo al trono, dall'Agnello immolato (Apocalisse di Giovanni 5:6), scorre un fiume di acqua della vita che ci porta "la legge dello Spirito della vita" (Romani 8:2) che procede dal cuore di Cristo. Noi beviamo di essa, ci bagniamo in essa, e troviamo la purificazione da ogni peccato.

Perchè allora il Signore non ha condotto direttamente il Suo popolo al monte Sion, dove essi avrebbero potuto trovare la legge della vita, e non al Monte Sinai, dove c'era solo la morte?

Questa è una domanda molto naturale, ed è una domanda alla quale è facile rispondere. È stato a causa della loro incredulità. Quando Dio portò Israele fuori dall'Egitto, il Suo scopo era quello di portarli al Monte Sion nel modo più diretto che essi potevano sopportare. Quando ebbero attraversato il Mar Rosso, essi cantarono un canto ispirato, del quale questo costituisce una parte: "Tu nella Tua misericordia hai portato via le persone che hai riscattato: Tu li hai guidati con la Tua forza alla Tua santa dimora". "Tu li porterai lì per piantarli nel monte della Tua eredità, nel luogo, o Signore, che tu hai fatto per Tua dimora, nel santuario, o Signore, che le Tue mani hanno stabilito". Esodo 15:13, 17.

Se avessero continuato a cantare, essi sarebbero ben presto arrivati al Sion. Poiché i redenti del Signore "vengono in Sion con canti, con la gioia eterna sul loro capo". Isaia 35:10. La spartizione del Mar Rosso ha costituito la prova di ciò. Vedere Isaia 51:10, 11. Ma presto essi dimenticarono il Signore e mormorarono nell'incredulità. Per questo motivo "è stata aggiunta la legge a motivo delle trasgressioni". Galati 3:19. È stata per la loro stessa colpa, il risultato del loro peccato di incredulità, che sono arrivati al Monte Sinai invece che al Monte Sion.

Tuttavia, Dio non ha lasciato Se stesso senza testimonianza della Sua fedeltà. Al monte Sinai la legge era in mano allo stesso Mediatore, Gesù, a cui noi arriviamo quando andiamo al Sion. Dalla roccia in Horeb (che è il Sinai) scorreva il torrente di vita, l'acqua della vita dal cuore di Cristo. Vedi Esodo 17:6; 1 Corinzi 10:4. Là essi vissero l'esperienza reale del Monte Sion. Ogni anima il cui cuore in quel luogo si fosse rivolto al Signore, avrebbe contemplato la Sua gloria non velata, così come fece Mosè, ed essendo trasformata da essa avrebbe trovato il ministero della giustificazione, invece del ministero di condanna. "La Sua benignità dura in eterno", ed anche sulle nuvole d'ira da cui procedono i tuoni e i lampi della legge risplende il volto glorioso del Sole della Giustizia e forma l'arco della promessa.

**Galati 4:28 Ora voi, fratelli, siete figli della promessa, alla maniera di Isacco. 29 E come allora colui che era nato secondo la carne perseguitava quello nato secondo lo spirito, così accade anche ora. 30 Però, che cosa dice la Scrittura? Manda via la schiava e suo figlio, perché il figlio della schiava non avrà eredità col figlio della donna libera. 31 Così, fratelli, noi non siamo figli di una schiava, ma di una donna libera.**

Qui c'è consolazione per ogni anima! Tu sei un peccatore, o al più stai cercando di essere un Cristiano, e tremi di terrore a queste parole, "Caccia via lo schiavo". Ti rendi conto che sei uno schiavo, che il peccato ha una presa su di te, e che tu sei legato con le corde delle cattive abitudini. Devi imparare a non temere quando il Signore parla, poiché Egli parla di pace, anche se con una voce di tuono! Più la voce è maestosa, maggiore è la pace che Egli dà. Fatti coraggio!

Il figlio della schiava rappresenta la carne e le sue opere. "Carne e sangue non possono ereditare il regno di Dio, né la corruzione può ereditare l'incorruttibilità". 1 Corinzi 15:50. Ma Dio dice: "Caccia via la schiava e suo figlio". Se vuoi che la Sua volontà sia fatta in te, "così come è fatta in cielo", Egli avrà cura che la carne e le sue opere vengano gettate via da voi, e voi sarete "liberati dalla schiavitù della corruzione per entrare nella gloriosa libertà dei figli di Dio" Romani 8:21. Questo comando che vi ha spaventati tanto è semplicemente la voce che comanda allo spirito maligno di larsciarci e di non entrare più in voi. Esso vi parla della vittoria su ogni peccato. Ricevi Cristo per fede, ed avrrai il potere di diventare il figlio di Dio, erede di un regno che non può essere rimosso, ma che rimane in eterno, insieme con tutti i suoi abitanti.

## "State Dunque Saldi"

Dove dobbiamo stare saldi? Nella libertà di Cristo stesso, la cui gioia era nella legge del Signore, poiché essa era nel Suo cuore. Vedere Salmo 40:8. "La legge dello Spirito della vita in Cristo Gesù ti ha liberato dalla legge del peccato e della morte". Romani 8:2. Noi siamo saldi solo per mezzo della fede.

In questa libertà non c'è traccia di schiavitù. È libertà perfetta. È libertà dell'anima, libertà di pensiero, così come libertà d'azione. Non è che ci venga semplicemente data la possibilità di osservare la legge, ma ci è data una mente che trova piacere nel farlo. Non è che noi adempiamo la legge perchè non vediamo un'altra via di fuga dalla punizione; ciò sarebbe una schiavitù esasperante. È da tale schiavitù che ci libera il patto di Dio.

No, la promessa di Dio quando viene accettata introduce in noi la mente dello Spirito di Dio, in modo che troviamo il più grande piacere nell'obbedienza a tutti i precetti della Parola di Dio. L'anima è libera come un uccello che si libra in volo sopra le cime delle montagne. È la gloriosa libertà dei figli di Dio, che possiedono l'intera gamma della larghezza, della lunghezza, della profondità, e dell'altezza dell'universo di Dio. È la libertà di coloro che non hanno bisogno di essere sorvegliati, ma dei quali ci si può fidare ovunque, dal momento che ogni loro passo rappresenta proprio la legge santa di Dio in azione. Perchè accontentarsi della schiavitù, quando una tale libertà senza limiti può essere tua? Le porte della prigione sono aperte; esci dunque nella libertà di Dio.

## Note del Lettore

# Galati Capitolo 5

## *Lo Spirito Fa in Modo che Sia Facile Essere Salvati*

**Galati 5:1 Cristo ci ha liberati affinché restassimo liberi; state dunque saldi e non lasciatevi imporre di nuovo il giogo della schiavitù.**

Il collegamento tra il quarto e il quinto capitolo di Galati è stretto, tanto che è difficile capire come qualcuno abbia mai potuto essere colpito dall'idea di fare una divisione in due capitoli.

### La Libertà Che Cristo Ci Dà

Quando Cristo è stato manifestato nella carne, la Sua opera era quella di "proclamare la libertà ai prigionieri, e l'apertura del carcere per coloro che sono legati". Isaia 61:1. I miracoli che Egli ha compiuto erano illustrazioni pratiche di quest'opera, e ora considereremo uno dei Suoi miracoli più straordinari.

"Egli stava insegnando in una delle sinagoghe in giorno di sabato. Ed ecco c'era una donna, che aveva uno spirito di infermità per diciotto anni, ed era inclinata su se stessa, e non si poteva raddrizzare in alcun modo da se stessa. E quando Gesù la vide, la chiamò a Lui, e le disse: Donna, tu sei liberata dalla tua infermità. E pose le mani su di lei; e subito fu fatta diritta, e glorificò Dio". Luca 13:10–13.

Poi, quando il capo della sinagoga si lamentò ipocritamente di come Gesù aveva fatto questo miracolo di Sabato, Egli fece rilevare come il contadino slegava il bue o l'asino nella stalla e lo conduceva fuori per farlo bere, poi disse:

"E costei, ch'è figliuola d'Abrahamo, e che Satana aveva tenuta legata per ben diciott'anni, non doveva esser sciolta da questo legame in giorno di Sabato?" Versetto 16.

Due fatti sono degni di essere menzionati in questo caso: la donna era stata legata da Satana; e lei aveva "uno spirito d'infermità", o mancanza di forza.

Ora, si noti come ciò descriva esattamente la nostra condizione prima che noi incontrassimo Cristo;

(1) Siamo legati da Satana, "catturati da lui per fare la sua volontà". 2 Timoteo 2:26. "Chiunque commette il peccato è schiavo del peccato" (Giovanni 8:34), e "colui che commette il peccato è del diavolo" (1 Giovanni 3:8). "L'empio sarà preso nelle proprie iniquità, e tenuto stretto dalle funi del suo peccato". Proverbi 5:22. Il peccato è la corda con cui Satana ci lega.

(2) Abbiamo "uno spirito di debolezza", e non possiamo in alcun modo sollevarci da noi stessi, o liberarci dalle catene che ci legano. E fu quando eravamo "senza forza" che Cristo morì per noi. Romani 5:6. Queste due parole, "senza forza", sono tradotte proprio dalla stessa parola che viene tradotta come "infermità" nella storia della donna che Gesù aveva guarito. Lei era "senza forza". Questa è la nostra condizione.

Cosa fa Gesù per noi? Prende la debolezza e ci dà in cambio la Sua forza. "Noi non abbiamo un sommo sacerdote che non possa simpatizzare con noi nelle nostre infermità". Ebrei 4:15. Egli stesso ha preso le nostre infermità, ed ha portato le nostre malattie. Matteo 8:17. Egli diventò tutto ciò che noi siamo, affinché noi possiamo diventare tutto ciò che Egli è. Egli è "nato sotto la legge per riscattare coloro che erano sotto la legge". Galati 4:4, 5. Egli ci ha liberato dalla maledizione, essendo divenuto maledizione per noi, affinché la benedizione potesse venire su di noi. Anche se Egli non aveva conosciuto peccato, Egli è stato fatto peccato per noi, "in modo che in Lui noi potessimo diventare giustizia di Dio". 2 Corinzi 5:21.

Perché Gesù ha liberato quella donna dalla sua infermità? Affinché lei potesse camminare in libertà. Certamente questo non era stato fatto perché lei potesse continuare a fare di sua spontanea volontà ciò che prima era stata costretta a fare. E perché Egli ci rende liberi dal peccato? Per lo scopo che noi possiamo vivere liberi dal peccato. A causa della debolezza della nostra carne noi eravamo incapaci di compiere la giustizia della legge. Perciò Cristo, che è venuto nella carne e che ha il potere sopra ogni essere umano, ci fortifica. Egli ci dona il Suo potente Spirito affinché la giustizia della legge possa essere adempiuta in noi. In Cristo non camminiamo secondo la carne, ma secondo lo Spirito. Non possiamo dire come Egli faccia questo. Solo Lui sa come ciò avviene, poiché solo Lui ha il potere. Ma noi possiamo conoscere la realtà di questo fatto.

Mentre lei era ancora legata e incapace di sollevarsi, Gesù disse alla donna: "Tu sei liberata dalla tua infermità". "Tu sei sciolta"—*tempo presente*. Questo è proprio ciò che Egli ci dice. Egli ha proclamato la liberazione ad ogni prigioniero.

La donna "non avrebbe potuto raddrizzarsi in alcun modo da se stessa", ma alla parola di Cristo si eresse subito. Lei stessa non poteva farlo, ma ciò nonostante lo fece. Le cose che sono impossibili per gli uomini sono possibili a Dio. "Il Signore sostiene quelli che vacillano e rialza chiunque è caduto". Salmo 145:14. La fede non produce fatti. Essa si appropria solamente di essi. Non c'è una sola anima prostrata sotto il peso del peccato che Satana ha legato su di lui, che Cristo non possa sollevare. La libertà è Sua. Egli deve solo *fare uso* di essa. Fate in modo che il messaggio venga proclamato in lungo e in largo. Che ogni anima possa sentirlo, che cioè Cristo ha dato la liberazione a tutti i prigionieri. Migliaia gioiranno alla notizia.

Cristo è venuto a restaurare ciò che era perduto. Egli ci riscatta dalla maledizione. Egli ci ha redenti. Quindi la libertà con cui Egli ci rende liberi è la libertà che esisteva prima che venisse la maledizione. L'uomo fu proclamato re sopra la terra. Non solo il primo uomo creato fu proclamato re, ma tutta l'umanità. "Nel giorno che Dio creò l'uomo, a somiglianza di Dio lo fece; maschio e femmina li creò; e li benedisse e diede loro il nome Adamo", cioè, l'uomo. Genesi 5:1, 2. "E Dio disse: Facciamo l'uomo a Nostra immagine, a Nostra somiglianza; e abbia dominio sui pesci del mare e sugli uccelli del cielo, sul bestiame e su tutta la terra e su tutti i rettili che strisciano sulla terra. Dio creò l'uomo a Sua immagine, a immagine di Dio lo creò; li creò maschio e femmina. E Dio li benedisse e Dio disse loro: Siate fecondi e moltiplicatevi, riempite la terra e soggiogatela; e dominatela" Genesi 1:26-28. Il dominio, vediamo, è stato dato ad *ogni essere umano*, maschio e femmina.

Quando Dio fece l'uomo, Egli mise "tutto sotto i suoi piedi". Ebrei 2:8. È vero che ora non vediamo tutte le cose sottomesse all'uomo. "Ma vediamo Gesù, che è stato fatto di poco inferiore agli angeli, per la sofferenza della morte, coronato di gloria e di onore; che Egli per la grazia di Dio, gustasse la morte per ogni uomo". Ebrei 2:9. Perciò Egli redime ogni uomo dalla maledizione del dominio perduto. Una corona implica regalità, e la corona di Cristo è quella che l'uomo aveva quando fu reso padrone delle opere delle mani di Dio. Di conseguenza, Cristo (come uomo, nella carne), proprio mentre stava per ascendere al cielo dopo la risurrezione, disse: "Tutto il potere Mi è stato dato in cielo e in terra. Andate dunque". Matteo 28:18, 19. Ciò indica che lo stesso potere, che una volta era stato perduto a causa del peccato, ci viene dato in Lui.

Cristo ha gustato la morte per noi come un uomo, e attraverso la croce ci ha riscattati dalla maledizione. Se siamo crocifissi con lui, siamo anche risuscitati insieme a Lui, e fatti sedere insieme con Lui nei luoghi celesti, con tutte le cose sotto i nostri piedi. Se non sappiamo questo, è solo perché non abbiamo permesso allo Spirito di rivelarcelo. Gli occhi del nostro cuore hanno bisogno di essere illuminati dallo Spirito affinché possiamo conoscere "che cosa è la speranza alla quale Egli vi ha chiamati, quali sono le ricchezze della Sua gloriosa eredità fra i santi". Efesini 1:18.

L'esortazione a coloro che sono morti e risorti con Cristo è questa, "Non regni dunque il peccato nel vostro corpo mortale, per farvi obbedire alle sue passioni". Romani 6:12. In Cristo abbiamo autorità sul peccato, affinché esso non abbia più dominio su di noi.

Quando Egli "ci ha lavati dai nostri peccati con il Suo sangue", Egli "ci ha fatti re e sacerdoti per Dio e Suo Padre". Apocalisse di Giovanni 1:5, 6. Glorioso dominio! Gloriosa libertà! Libertà dal potere della maledizione, anche se circondati da essa! Libertà da questo presente mondo perverso, dalla concupiscenza della carne, dalla concupiscenza degli occhi e dalla superbia della vita! Né il principe della potenza dell'aria" (Efesini 2:2), né i "dominatori di questo mondo di tenebre" (6,12) possono avere alcun dominio su di noi! È questa la libertà e l'autorità che Cristo aveva quando disse: "Vattene, Satana". Matteo 4:10. E il diavolo L'abbandonò immediatamente.

È una libertà tale che nulla in cielo o in terra ci può costringere a fare qualcosa contro la nostra volontà. Dio non cercherà di farlo, poiché è da Lui che possediamo la nostra libertà. E nessun altro può farlo. È il potere sugli elementi, di modo che essi ci serviranno, invece di controllarci. Impareremo a riconoscere Cristo e la Sua croce in ogni luogo, cosicché la maledizione sarà impotente su di noi. La nostra salute "germoglierà prontamente", poiché la vita di Gesù sarà manifestata nella nostra carne mortale. Tale gloriosa libertà nessuna lingua o penna la può descrivere.

## "Restate Saldi"

Dalla parola del Signore furono fatti i cieli, e tutto il loro esercito dal soffio della Sua bocca". "Egli parlò, ed è stato fatto; Egli comandò e la cosa sorse". Salmo 33:6, 9. La stessa parola che ha creato l'universo stellato ci parla: "Restate saldi!" Non è un ordine che ci lascia impotenti come prima, ma è un ordine che porta con sé il compimento dell'atto. I cieli non hanno creato se stessi, ma sono stati portati all'esistenza dalla parola del Signore. Lasciate che essi siano i vostri insegnanti. "Alzate gli occhi in alto e guardate: chi ha creato queste cose? Colui che fa uscir fuori, e conta il loro esercito, che le chiama tutte per nome; e per la grandezza del Suo potere e per la potenza della Sua forza, non una manca". Isaia 40:26. "Egli dà forza allo stanco, e accresce vigore a colui che è spossato". Isaia 40:29.

**Galati 5:2 Ecco, io Paolo vi dico: se vi fate circoncidere, Cristo non vi gioverà nulla.**

Dobbiamo comprendere che qui si tratta di molto di più che del semplice rito della circoncisione. Questa lettera, che ha così tanto da dire sulla circoncisione, è stata conservata dal Signore per noi, e contiene il messaggio del Vangelo per ogni tempo, anche se la circoncisione come rito non è una questione così importante per noi.

La questione è questa: come ottenere la giustizia—la salvezza dal peccato—e l'eredità che viene con essa. Il fatto è che essa può essere ottenuta solo per fede—ricevendo Cristo nel cuore e permettendo a Lui di vivere la Sua vita in noi. Abramo ebbe questa giustizia di Dio mediante la fede in Gesù Cristo, e Dio gli diede la circoncisione come un segno di questo fatto. Essa ebbe un significato speciale per Abramo, ricordandogli continuamente il suo fallimento quando aveva cercato di adempiere la promessa di Dio per mezzo della carne. E tutto il racconto serve allo stesso scopo per noi. Esso mostra che "la carne non giova a nulla" e che non si deve quindi fare affidamento su di essa. Il solo fatto di essere circonciso non rese Cristo di nessun vantaggio, poiché anche Paolo era stato circonciso, e per attenersi alla consuetudine aveva circonciso anche Timoteo. Atti 16:1-3. Ma Paolo non dava valore né alla sua circoncisione, né a qualsiasi altra cosa esteriore (Filippesi 3:4-7), e quando fu proposto di circoncidere Tito, come una cosa necessaria per la salvezza, egli non lo permise (Galati 2:3-5).

Quello che doveva essere solo il *segno* di una realtà già esistente fu considerato dalle generazioni successive come il *mezzo* per stabilire il fatto. La circoncisione si trova quindi in questa lettera come il simbolo di tutti i tipi di "opere" fatte dagli uomini con la speranza di ottenere la giustizia. Si tratta di "opere della carne", in contrapposizione allo Spirito.

Ora la verità afferma che se una persona fa una cosa qualsiasi con la speranza di essere salvata per mezzo di essa, cioè di ottenere la salvezza attraverso la propria opera, Cristo non è "di nessun vantaggio per lui". Se Cristo non viene accettato come un Redentore completo, Egli non è accettato affatto. Vale a dire, se Cristo non viene accettato per quello che è, Egli viene rifiutato. Egli non può essere altro che quello che Egli è. Cristo non condivide con nessun'altra persona o cosa il fatto di essere Salvatore. Pertanto, è facile vedere che se qualcuno è stato circonciso con la speranza di ricevere la salvezza in questo modo, quella persona avrebbe mostrato mancanza di fede in Cristo come Salvatore unico e interamente sufficiente per il genere umano.

Dio ha dato la circoncisione come *segno* di fede in Cristo. Gli Ebrei l'hanno pervertita facendone un *sostituto* per la fede. Così, quando un Ebreo si vantava della sua circoncisione, egli si vantava della sua propria giustizia. Questo non è un disprezzo della legge, ma è la [pretesa] capacità dell'uomo di osservare la legge. È a motivo della gloria della legge, che è così santa e le sue esigenze così grandi, che nessun uomo è in grado di raggiungere la perfezione della legge stessa. Solo in Cristo la giustizia della legge diventa nostra. La vera circoncisione è adorare Dio in Spirito, gioire in Cristo Gesù, e non mettere alcuna fiducia nella carne. Filippesi 3:3.

**Galati 5:3 E dichiaro ancora una volta a chiunque si fa circoncidere che egli è obbligato ad osservare tutta quanta la legge. 4 Non avete più nulla a che fare con Cristo voi che cercate la giustificazione nella legge; siete decaduti dalla grazia.**

"Ecco!" Esclama qualcuno, "questo dimostra che la legge è una cosa da evitare, poiché Paolo dice che coloro che sono circoncisi sono obbligati ad osservare tutta la legge e li avverte di non circoncidersi".

Non così in fretta, amico mio. Atteniamoci un po' più strettamente al testo. Si noti la formulazione del versetto 3: "Egli è *debitore* ad osservare tutta la legge". Vedrete che la cosa negativa non è la legge, né l'osservanza della legge, ma essere un debitore verso la legge. Non c'è una grande differenza? È una buona cosa avere cibo da mangiare e vestiti da indossare, ma è una cosa dolorosa essere in debito per queste cose necessarie. Più triste ancora è l'essere in debito per queste cose e tuttavia mancare di esse.

Il debitore è colui che deve qualcosa. Colui che è in debito verso la legge deve dare ciò che la legge esige, vale a dire, la giustizia. Perciò chi è in debito verso la legge è sotto la maledizione; poiché sta scritto: "Maledetto chiunque non rispetta tutte le cose scritte nel libro della legge, e di farle". Galati 3:10. Quindi, cercare di ottenere giustizia con qualsiasi altro mezzo che per la fede in Cristo significa soffrire la maledizione del debito eterno. Egli è eternamente in debito, poiché non ha nulla con cui pagare. Eppure, il fatto che egli è in debito verso la legge—debitore di adempiere tutta la legge—mostra che egli deve osservarla tutta. *Come* potrà farlo? "Questa è l'opera di Dio: che crediate in Colui che Egli ha mandato". Giovanni 6:29. Cessiamo pertanto di aver fiducia in noi stessi e riceviamo e confessiamo Cristo nella Sua carne, e poi la giustizia della legge si compirà in noi, poiché non camminiamo secondo la carne, ma secondo lo Spirito.

**Galati 5:5 Noi infatti per virtù dello Spirito, attendiamo dalla fede la giustificazione che speriamo.**

Non trascurate questo versetto senza leggerlo più di una volta, se no penserete che dica qualcosa che invece non dice. E mentre lo leggete, pensate a quello che avete già imparato circa la promessa dello Spirito.

Non credíate che questo versetto insegni che avendo lo Spirito dobbiamo *aspettare* la giustizia. Niente affatto. Lo Spirito *porta* la giustizia. "Lo Spirito è vita a causa della giustizia". Romani 8:10. "Quando sarà venuto, egli convincerà il mondo quanto al peccato e alla giustizia". Giovanni 16:8. Chi riceve lo Spirito ha la convinzione del peccato e della giustizia, della quale lo Spirito gli mostra che egli è mancante, e che solo lo Spirito può portare.

Qual è la giustizia che lo Spirito porta? È la giustizia della legge. Romani 8:4. Questo lo sappiamo, poiché "noi sappiamo che la legge è spirituale". Romani 7:14.

Che cosa ne è, allora, della "speranza della giustizia" che noi aspettiamo per mezzo dello Spirito? Si noti che non dice che noi attraverso lo Spirito speriamo la giustizia. Piuttosto, aspettiamo la speranza della giustizia per fede, cioè, la speranza portata dal fatto di possedere la giustizia. Entriamo brevemente nel dettaglio su questo argomento per rinfrescare le nostre menti:

(1) Lo Spirito di Dio è "lo Spirito Santo della promessa". Il possesso dello Spirito ci assicura la promessa di Dio.

(2) Ciò che Dio ha promesso a noi come figli di Abramo è un'eredità. Lo Spirito Santo è il pegno di questa eredità fino a

quando il suo possesso acquisito sarà redento e dato a noi. Efesini 1:13, 14.

(3) Questa eredità che è promessa è costituita dai nuovi cieli e dalla nuova terra, in cui abita la giustizia. 2 Pietro 3:13.

(4) Lo Spirito porta giustizia. Egli è il rappresentante di Cristo, il mezzo con cui Cristo stesso, che è la nostra giustizia, viene ad abitare nei nostri cuori. Giovanni 14:16-18.

(5) Quindi la speranza che lo Spirito porta è la speranza di un'eredità nel regno di Dio, la terra rinnovata.

(6) La giustizia che ci porta lo Spirito è la giustizia della legge di Dio. Romani 8:4; 7:14. Per mezzo dello Spirito, essa è scritta nei nostri cuori invece che su tavole di pietra. 2 Corinzi 3:3.

(7) L'essenza di tutto il discorso è questa: se noi, invece di pensare che siamo così forti da poter osservare la legge, permettiamo allo Spirito Santo di entrare in noi affinché possiamo essere riempiti con la giustizia della legge, avremo la speranza viva che abita in noi. La speranza dello Spirito—la speranza della giustizia per fede—non ha in essa alcun elemento di incertezza. Si tratta di una certezza positiva. In nessun'altra cosa c'è speranza. Colui che non ha "la giustizia che è di Dio mediante la fede" non ha alcuna speranza. Solo Cristo in noi è "la speranza della gloria".

**Galati 5:6 Poiché in Cristo Gesù non è la circoncisione che conta o la non circoncisione, ma la fede che opera per mezzo della carità.**

La circoncisione non è in grado di fare nulla, e così pure l'incirconcisione. Solo la fede, che opera per amore, può fare qualsiasi cosa. Questa fede che opera per amore si trova solo in Cristo Gesù.

Ma di che cosa si parla qui di *fare*? Nient'altro che la legge di Dio. Nessun uomo può osservarla, qualunque sia il suo stato o condizione. L'uomo non circonciso non ha alcun potere per osservare la legge, e la circoncisione non ha alcun potere per renderlo capace di farlo. Ci si può vantare della propria circoncisione, o ci si può vantare della propria incirconcisione; ma entrambe sono ugualmente vane. A motivo del principio della fede il vanto è escluso. Romani 3:27. Dal momento che solo la fede di Cristo può osservare la giustizia della legge, non vi è alcuna possibilità da parte nostra di dire ciò che abbiamo fatto. "Poiché devo tutto a Cristo".

**Galati 5:7 Correvate così bene; chi vi ha tagliato la strada che non obbedite più alla verità? 8 Questa persuasione non viene sicuramente da Colui che vi chiama! 9 Un po' di lievito fa fermentare tutta la pasta. 10 Io sono fiducioso per voi nel Signore che non penserete diversamente; ma chi vi turba, subirà la sua condanna, chiunque egli sia. 11 Quanto a me, fratelli, se io predico ancora la circoncisione, perché sono tuttora perseguitato? È dunque annullato lo scandalo della croce? 12 Dovrebbero farsi mutilare coloro che vi turbano.**

La legge di Dio è la verità (Salmo 119:142), e i fratelli della Galazia avevano iniziato ad obbedire ad essa. Essi ci erano riusciti all'inizio, ma in seguito erano stati ostacolati nel loro progresso. "Perché? Perché l'hanno cercata non per fede, ma per le opere. Essi hanno urtato nella pietra d'inciampo". Romani 9:32. Cristo è la via, la verità e la vita, e non vi è in Lui alcun inciampo. La perfezione della legge è in Lui, poiché la Sua vita è la legge.

La croce è, ed è sempre stata, un simbolo di vergogna. Essere crocifisso significava essere sottoposto alla morte più ignominiosa conosciuta. L'apostolo ha detto che se egli predicasse la circoncisione (vale a dire, la giustizia per le opere), "lo scandalo della croce" sarebbe cessato. Galati 5:11. Lo scandalo della croce è che essa è una confessione della fragilità umana e del peccato e dell'incapacità di fare qualsiasi cosa buona. Prendere la croce di Cristo significa dipendere unicamente da Lui per ogni cosa, e questo rappresenta la mortificazione di ogni superbia umana. Gli uomini amano immaginare se stessi indipendenti. Ma permettete che la croce sia predicata, lasciate che sia reso noto che nell'uomo non abita alcun bene e che tutto deve essere ricevuto come un dono, e subito qualcuno si offenderà.

**Galati 5:13 Voi infatti, fratelli, siete stati chiamati a libertà. Purché questa libertà non divenga un pretesto per vivere secondo la carne, ma mediante la carità siate a servizio gli uni degli altri. 14 Tutta la legge infatti trova la sua pienezza in un solo precetto: amerai il prossimo tuo come te stesso.**

I due capitoli precedenti parlano di schiavitù, di prigionia. Prima che venisse la fede eravamo "rinchiusi" sotto il peccato, debitori verso la legge. La fede di Cristo ci rende liberi, ma nel momento in cui siamo rimessi in libertà l'ammonizione ci viene data, "Va, e non peccare più". Giovanni 8:11. Siamo stati messi in libertà *dal* peccato, non in libertà *di* peccare. Quanti si sbagliano in questo!

Molte persone sincere immaginano che in Cristo siamo liberi di ignorare e di sfidare la legge, dimenticando che la trasgressione della legge è peccato. 1 Giovanni 3:4. Servire la carne è commettere il peccato, "poiché la mente carnale è inimicizia contro Dio; poiché non è soggetta alla legge di Dio, e neppure può esserlo". Romani 8:7. L'apostolo ci avverte di non abusare della libertà che Cristo ci dona, e di non sottometterci di nuovo alla schiavitù trasgredendo la legge. Invece di questo, dovremmo servire l'un l'altro con amore, poiché l'amore è il compimento della legge.

Cristo ci dà la libertà del primo dominio. Ma ricordate che Dio ha dato il dominio all'umanità, e che in Cristo tutti sono fatti re. Questo ci mostra che l'unico essere umano su cui ogni Cristiano ha il diritto di governare è se stesso. L'uomo più grande nel regno di Cristo è colui che governa il proprio spirito.

Come re, troviamo i nostri sudditi negli ordini inferiori degli esseri creati, negli elementi e nella nostra carne, ma non nei nostri simili. Noi siamo al loro servizio. Dobbiamo avere in noi la mente che era in Cristo, mentre era ancora nella corte reale in cielo, "in forma di Dio", che Lo ha portato a prendere "la forma di un servitore". Filippesi 2:5-7. Ciò si vede ulteriormente dal fatto che ha lavato i piedi dei discepoli, con la piena consapevolezza del fatto che Egli era il loro Maestro e Signore, e che Egli era venuto da Dio ed andava a Dio. Vedi Giovanni 13:3-13. Inoltre, quando tutti i santi redenti appaiono nella gloria, Cristo stesso "Si cingerà le Sue vesti, e li farà sedere a tavola, ed Egli verrà a servirli". Luca 12:37.

La più grande libertà si trova nel servizio—nel servizio reso ai nostri simili nel nome di Gesù. Chi fa il più grande servizio (più grande non come lo considerano gli uomini, ma quello che gli uomini considererebbero come il più basso) è il maggiore. Questo noi lo impariamo da Cristo, che è il Re dei re e Signore dei signori, poiché Egli è il servo di tutti, facendo un servizio che nessun altro vorrebbe o potrebbe fare. I servitori di Dio sono tutti re.

## L'Amore Adempie la Legge

L'amore non è un sostituto per l'osservanza della legge, ma è la perfezione di essa. "L'amore non fa nessun male al prossimo; quindi l'amore è il compimento della legge". Romani 13:10. "Se qualcuno dice, 'Io amo Dio', e odia il suo fratello, è un mentitore; poiché chi non ama il proprio fratello che vede, non può amare Dio che non vede". 1 Giovanni 4:20. Se un uomo ama il prossimo, vuol dire che ama Dio. "L'amore è di Dio", poiché "Dio è amore". Quindi l'amore è la vita di Dio. Se questa vita è in noi e le si dà libero corso, la legge sarà necessariamente in noi, perché la vita di Dio è la legge per tutta la creazione. "Con questo percepiamo l'amore di Dio, poiché Egli ha dato la Sua vita per noi; quindi anche noi dobbiamo dare la nostra vita per i fratelli". 1 Giovanni 3:16.

## Amore È Altruismo

Dal momento che l'amore significa servizio, fare qualcosa per gli altri, è evidente che l'amore non ha alcun pensiero per sé. Chi ama non ha altro pensiero, se non di come possa benedire gli altri. Così si legge: "L'amore è paziente, è benigno; l'amore non è geloso o presuntuoso; non è arrogante o maleducato. L'amore non cerca il proprio interesse, non s'inasprisce, non sospetta il male". 1 Corinzi 13:4, 5.

È proprio su questo punto fondamentale che molti fanno un errore. Felici coloro che hanno trovato il loro errore e sono giunti a comprendere e a praticare il vero amore. "L'amore non cerca il proprio interesse". Perciò l'amore di sé non è affatto amore, nel vero senso della parola. È solo una contraffazione volgare. Eppure la maggior parte di ciò che nel mondo si chiama amore non è veramente l'amore per un altro, ma è l'amore di se stesso.

Anche quello che dovrebbe essere la forma più sublime di amore conosciuta sulla terra, l'amore che viene utilizzato dal Signore come una rappresentazione del Suo amore per il Suo popolo, l'amore tra marito e moglie, è più spesso egoismo, piuttosto che vero amore. Anche tralasciando i matrimoni che vengono contratti per guadagnare ricchezza o posizione nella società, in quasi tutti i casi le parti contraenti il matrimonio pensano più alla propria felicità individuale che non alla felicità dell'altro. Nella misura in cui esiste vero amore disinteressato, c'è vera felicità. È una lezione che il mondo è lento a imparare, che la vera felicità si trova solo quando si cessa di cercarla per noi stessi, ma la si cerca per gli altri.

### "L'Amore Non Verrà Mai Meno"

Qui troviamo di nuovo una prova che dimostra che molto di quello che si chiama amore non è affatto amore. L'amore non cessa mai. La dichiarazione è assoluta: mai. Non v'è alcuna eccezione in nessuna circostanza. L'amore non è influenzato dalle circostanze. Si sente spesso parlare di un amore che si raffredda, ma questo è qualcosa che non potrà mai accadere al vero amore. Il vero amore è sempre caldo, sempre in flusso constante; nulla può congelare la fontana dell'amore. L'amore è assolutamente infinito e immutabile, semplicemente perché è la vita di Dio. Non c'è altro amore vero che l'amore di Dio, quindi l'unica possibilità per il vero amore di manifestarsi tra gli uomini è che l'amore di Dio venga infuso nel cuore dallo Spirito Santo.

A volte, quando viene effettuata una dichiarazione d'amore, la persona amata chiede: "Perché mi ami?" Come se qualcuno potesse fornire una ragione per l'amore! L'amore è la sua propria ragione. Se l'amante può proprio dire perché ama un altro, la risposta stessa dimostra che egli non ama veramente. Qualunque oggetto egli nomini come motivo del suo amore, tale oggetto può a volte cessare di esistere, ed allora il suo presunto amore cessa. Ma "l'amore non verrà mai meno". Perciò l'amore non può dipendere dalle circostanze. Quindi l'unica risposta che si può dare alla domanda sul motivo per cui si ama è "perché" — perché è l'amore. L'amore ama, semplicemente perché è amore. Amore è la qualità della persona che ama, ed egli ama perché ha amore, indipendentemente dalla natura dell'oggetto.

La veridicità di questa asserzione la riconosciamo quando

torniamo a Dio, la sorgente dell'amore. Egli è amore. L'amore è la Sua vita. Ma non può essere data nessuna spiegazione della Sua esistenza. La più elevata concezione umana dell'amore è di amare perché siamo amati, o perché l'oggetto del nostro amore è amabile. Ma Dio ama chi non è amabile. Egli ama coloro che Lo odiano. "Perché anche noi eravamo un tempo insensati, disobbedienti, traviati, schiavi di varie passioni e piaceri, passando i nostri giorni in malizia ed invidia, odiati dagli uomini e odiando gli uni gli altri; ma quando la bontà di Dio, nostro Salvatore, apparve, Egli ci ha salvati". Tito 3:3-5. "Se amate quelli che vi amano, che premio ne avete? Non fanno anche i pubblicani lo stesso?" "Tu, pertanto, devi essere perfetto, come il Padre vostro celeste è perfetto". Matteo 5:46, 48.

"L'amore non fa nessun male al prossimo". La parola "prossimo" significa chi abita nelle vicinanze. L'amore si estende quindi a tutto ciò con cui viene in contatto. Chi ama deve necessariamente amare tutti.

Dal momento che l'amore non fa nessun male al prossimo, ne consegue, ovviamente, che l'amore Cristiano (e non c'è davvero nessun altro vero amore, come abbiamo visto) non ammette le guerre e i combattimenti. Quando i soldati hanno chiesto a Giovanni Battista quello che avrebbero dovuto fare come seguaci dell'Agnello di Dio al quale egli li dirigeva, ha risposto, "non fare violenza a nessuno". Luca 3:14. Una rappresentazione alternativa alla risposta di Giovanni è "Non incutere paura a nessun uomo". Sarebbe una guerra molto dolce quella in cui fosse eseguito questo comando! Se un esercito fosse composto di Cristiani, veri seguaci di Cristo, quando entrerebbero in contatto col nemico, invece di spargli contro, cercherebbero di sapere di che cosa ha bisogno, e soddisferebbero le sua necessità. "Se il tuo nemico ha fame, dagli da mangiare; se ha sete, dagli da bere; poiché così facendo tu radunerai dei carboni ardenti sulla sua testa. Non esser vinto dal male, ma vinci il male col bene". Romani 12:20, 21.

**Galati 5:15 Ma se vi mordete e divorate a vicenda, guardate almeno di non distruggervi del tutto gli uni gli altri! 16 Vi dico dunque: camminate secondo lo Spirito e non sarete portati a**

**soddisfare i desideri della carne; 17 la carne infatti ha desideri contrari allo Spirito e lo Spirito ha desideri contrari alla carne; queste cose si oppongono a vicenda, sicché voi non fate quello che vorreste. 18 Ma se vi lasciate guidare dallo Spirito, non siete più sotto la legge.**

Avendo seguito il consiglio cattivo e abbandonato la semplicità della fede, i Galati stavano ponendo se stessi sotto la maledizione e nel pericolo dell'inferno. Poiché "la lingua è un fuoco, è il mondo dell'iniquità; così è la lingua posta tra le nostre membra, che contamina tutto il corpo e infiamma la ruota della natura; ed è data alle fiamme della geenna". Giacomo 3:6. La lingua ha divorato più della spada, poiché la spada non sarebbe mai stata tratta, se non fosse stato a causa della lingua sfrenata. Nessun uomo può domarla, ma Dio lo può. L'aveva fatto nel caso dei Galati, quando le loro bocche erano state ripiene di benedizione e di lode; ma qual cambiamento era avvenuto! Come risultato delle istruzioni ricevute in seguito, essi erano scesi in basso, dalla benedizione alle contese. Invece di parlare di edificazione, si stavano divorando a vicenda.

Quando ci sono litigi e conflitti nella chiesa, siate sicuri che il Vangelo è stato tristemente pervertito. Che nessuno si aduli della sua ortodossia o della solidità della sua fede, mentre ha un carattere molto disposto al litigio, o può essere facilmente provocato a litigare. Dissensi e lotte sono i segni dell'allontanamento dalla fede, se uno è mai stato in essa. Infatti, "dal momento che siamo stati giustificati per fede, abbiamo pace con Dio per mezzo del Signore nostro Gesù Cristo". Romani 5:1. Non siamo semplicemente in una situazione di pace con Dio, ma abbiamo pace con Lui—la Sua pace. Quindi, questa nuova convinzione che li aveva portati alla lotta e a divorarsi gli uni gli altri con la lingua di un fuoco empio non era venuta da Dio, che li aveva prima chiamati al Vangelo. Un solo passo sbagliato finisce per condurre ad una vasta divergenza. Due linee ferroviarie possono sembrare parallele, ma poco a poco esse possono divergere insensibilmente fino a condurre in direzioni opposte. "Un po' di lievito fa fermentare tutta la pasta". Un errore apparentemente piccolo, non importa di che cosa si tratti, contiene in sé il germe di ogni malvagità. "Chiunque infatti osserva tutta la legge, e fallisce in un sol punto, è colpevole di tutti i punti". Giacomo 2:10. Un singolo falso principio al quale si aderisce distruggerà tutta la vita e il carattere. Le piccole volpi rovinano le vigne.

**Galati 5:19 Del resto le opere della carne sono ben note: fornicazione, impurità, libertinaggio, 20 idolatria, stregonerie, inimicizie, discordia, gelosia, dissensi, divisioni, fazioni, 21 invidie, ubriachezze, orge e cose del genere; circa queste cose vi preavviso, come già ho detto, che chi le compie non erediterà il regno di Dio.**

Non è una lista piacevole da ascoltare, vero? Ma non è tutto, perché poi l'apostolo aggiunge, "e cose del genere". Vi è molto su cui meditare in questo elenco, considerato in relazione con l'affermazione che "coloro che fanno tali cose non erediteranno il regno di Dio". Confrontate questo elenco con quello dato dal Signore in Marco 7:21-23, relativo alle cose che vengono dal di dentro, dal cuore dell'uomo. Esse appartengono all'uomo per natura. Confrontare queste due liste con la lista data in Romani 1:28-32, dove sono descritte le cose fatte dai pagani che non amavano conservare Dio nella loro conoscenza. Sono le cose che sono fatte da tutti coloro che non conoscono il Signore.

Quindi confrontate queste liste di peccati con la lista fornita dall'apostolo Paolo in 2 Timoteo 3:1-5, che elenca le cose che saranno fatte negli ultimi giorni da coloro che hanno solo una "forma di pietà". Si noterà che tutte queste liste sono essenzialmente le stesse. Quando gli uomini si dipartono dalla verità del vangelo, che è il potere di Dio per la salvezza di chiunque crede, inevitabilmente cadono sotto il potere di questi peccati.

## "Non V'È Differenza"

C'è una sola carne di uomo (1 Corinzi 15:39), dal momento che tutti gli abitanti della terra sono discendenti di una sola coppia, cioè Adamo ed Eva. "Il peccato è entrato nel mondo attraverso un solo uomo" (Romani 5:12), e di conseguenza qualsiasi peccato ci sia nel mondo, esso è comune ad ogni carne. Nel piano della salvezza "non c'è differenza fra l'Ebreo e il Greco: poiché lo stesso Signore è su tutti, ricco verso tutti quelli che Lo invocano". Romani 10:12. Vedi anche Romani 3:21-24. Nessuna persona al mondo può vantarsi rispetto ad un altra, o ha il diritto di disprezzare l'altro a causa della sua condizione peccaminosa, corrotta. Il vedere o il riconoscere vizi degradanti in tutte le persone, invece di farci sentire compiacenti sulla nostra moralità superiore, deve riempirci di dolore e di vergogna. Non è che un promemoria per noi di quel che è la nostra natura umana. Le opere che si manifestano in quell'assassino, in quell'ubriacone, in quel libertino, sono semplicemente le opere della nostra carne. La carne del genere umano non ha nient'altro in suo potere, se non tali opere malvage, come qui descritto.

Alcune delle opere della carne sono generalmente riconosciute come molto cattive o, in ogni caso, per niente rispettabili; ma altre sono comunemente considerate peccati scusabili, se non vere virtù. Si notino tuttavia le parole "e cose del genere", che indicano che tutte le cose qui nominate sono identiche nella sostanza. La Scrittura ci dice che l'odio è omicidio. "Chiunque odia il proprio fratello è omicida". 1 Giovanni 3:15. Inoltre, anche la rabbia è un omicidio, come mostrato dal Salvatore in Matteo 5:21, 22. Anche l'invidia, che è così comune, contiene in se stessa un omicidio. Ma chi considera l'invidia come peccaminosa? Lungi com'è dall'essere considerata peccaminosa anche nei casi estremi, essa è invece coltivata in tutta la nostra società. Eppure la parola di Dio ci assicura che essa è dello stesso genere dell'adulterio, della fornicazione, dell'omicidio, e dell'ubriachezza, e che coloro che fanno tali cose non erediteranno il regno di Dio. Non è una cosa terrificante?

L'amore di sé stesso, il desiderio di supremazia, è la fonte di tutti gli altri peccati che sono menzionati. Da esso procedono innumerevoli omicidi. Le opere abominevoli della carne sono in agguato dove meno ce l'aspettiamo! Esse sono ovunque si trova la carne umana, e si manifestano, in una forma o nell'altra, ovunque la carne non è stata crocifissa. "Il peccato giace alla porta".

## Il Conflitto fra la Carne e lo Spirito

La carne e lo Spirito di Dio non hanno nulla in comune. Essi sono "opposti l'uno all'altro", cioè, agiscono l'uno contro l'altro come due nemici, ognuno cercando con zelo l'occasione di schiacciare l'altro. La carne è corruzione. Essa non può ereditare il regno di Dio, perché la corruzione non eredita l'incorruttibilità. 1 Corinzi 15:50. La carne non può essere convertita: deve essere crocifissa, "la mente carnale è inimicizia contro Dio, poiché non è sottomessa alla legge di Dio, e neppure può esserlo. Quindi coloro che sono nella carne non possono piacere a Dio". Romani 8:7, 8.

Ecco il segreto della ricaduta dei Galati e della difficoltà che tanti trovano per vivere una vita Cristiana. I Galati avevano cominciato nello Spirito, ma poi avevano pensato di raggiungere la perfezione tramite la carne (capitolo 3:3), una cosa impossibile, come raggiungere le stelle scavando nella terra. Così tante persone hanno il desiderio di fare il bene; ma non avendo definitivamente e interamente ceduto allo Spirito, non possono fare le cose che vorrebbero fare. Lo Spirito lotta con loro e detiene un controllo parziale, o a volte essi hanno ceduto se stessi quasi completamente allo Spirito, così da poter avere una ricca esperienza. Poi lo Spirito viene rattristato, la carne si impone, ed essi sembrano come le altre persone. Essi sono influenzati a volte dalla mente dello Spirito, e a volte dalla mente della carne (Romani 8:6); e così, essendo di animo doppio, sono instabili in tutte le loro vie (Giacomo 1:8). È la posizione più insoddisfacente in cui ci si possa trovare.

## Lo Spirito e la Legge

"Se vi lasciate guidare dallo Spirito non siete più sotto la legge". Galati 5:18. "Sappiamo che la legge è spirituale; ma io sono carnale, venduto al peccato". Romani 7:14. La carne e lo spirito sono in opposizione; ma contro i frutti dello Spirito "non c'è legge". Galati 5:22, 23. Quindi la legge è contro le opere della carne. La mente carnale "non è soggetta alla legge di Dio". Quindi coloro che sono nella carne non possono piacere a Dio, ma sono "sotto la legge". Questa è un'altra dimostrazione evidente del fatto che essere "sotto la legge" significa essere un trasgressore di essa. "La legge è spirituale". Perciò tutti quelli che sono guidati dallo Spirito sono in piena sintonia con la legge, e quindi non sono *sotto* di essa.

Vediamo qui ancora una volta che la controversia non era se la legge doveva o no essere osservata, ma sul *come* poteva essere adempiuta. I Galati venivano sviati dall'insegnamento lusinghiero secondo cui essi stessi avevano il potere di osservarla, mentre l'apostolo mandato dal cielo aveva strenuamente sostenuto che solo attraverso lo Spirito essa poteva essere osservata. Questo egli lo dimostrò loro dalle Scritture, dalla storia di Abramo, e dall'esperienza dei Galati stessi. Essi avevano cominciato nello Spirito, e fin quando avevano continuato a rimanere nello Spirito, avevano corso bene. Ma quando essi sostituirono se stessi allo Spirito, immediatamente cominciarono a manifestarsi le opere che erano totalmente contrarie alla legge.

Lo Spirito Santo è la vita di Dio; Dio è amore; l'amore è il compimento della legge; la legge è spirituale. Quindi chi vuol essere spirituale si deve sottomettere alla giustizia di Dio, che è "testimoniata" dalla legge, ma che si ottiene solo attraverso la fede di Gesù Cristo. Chiunque è guidato dallo Spirito deve osservare la legge, non come condizione per ricevere lo Spirito, ma come risultato che ne consegue necessariamente.

Spesso troviamo persone che professano di essere così spirituali, così totalmente guidate dallo Spirito, che non hanno bisogno di osservare la legge. Esse ammettono che non osservano la legge, ma dicono che è lo Spirito che le porta a comportarsi come stanno facendo. Pertanto, essi ragionano, ciò non può essere peccato, anche se è contrario alla legge. Tali persone fanno il terribile errore di sostituire la propria mente carnale alla mente dello Spirito. Hanno confuso la carne con lo Spirito, e si sono messe al posto di Dio. Parlare contro la legge di Dio è parlare contro lo Spirito. Esse sono terribilmente accecate, e dovrebbero pregare così: "Apri i miei occhi, che io possa contemplare le meraviglie della Tua legge". Salmo 119:18.

**Galati 5:22 Il frutto dello Spirito invece è amore, gioia, pace, pazienza, benevolenza, bontà, fedeltà, mitezza, dominio di sé; 23 contro queste cose non c'è legge.**

Il primo frutto dello Spirito è amore, e "l'amore è l'adempimento della legge". La gioia e la pace verranno dopo, poiché, "essendo giustificati per fede, abbiamo pace con Dio per mezzo di Gesù

Cristo nostro Signore". "E non solo così, ma abbiamo anche la gioia in Dio per mezzo del Signore nostro Gesù Cristo". Romani 5:1, 11. Cristo fu unto dallo Spirito Santo (Atti 10:38), o, come affermato in un altro luogo, "con l'olio di letizia" (Ebrei 1:9). Il servizio di Dio è un servizio gioioso. Il regno di Dio è "giustizia, pace e gioia nello Spirito Santo". Romani 14:17. Chi non è felice nelle avversità, così come nella prosperità, non conosce ancora il Signore come dovrebbe. Le parole di Cristo portano alla pienezza della gioia. Giovanni 15:11.

Amore, gioia, pace, longanimità, pazienza, benevolenza, bontà, fedeltà, gentilezza, dominio di sé: questi devono manifestarsi spontaneamente dal cuore del vero seguace di Cristo. Essi non possono essere forzati. Ma non dimorano naturalmente in noi. È naturale per noi essere arrabbiati ed esasperati, invece di essere gentili e longanimi quando siamo contrariati. Si noti il contrasto fra le opere della carne e il frutto dello Spirito. Le prime opere vengono in modo naturale; di conseguenza, perché il buon frutto possa nascere, dobbiamo essere completamente rifatti in nuove creature. "L'uomo buono dal buon tesoro del suo cuore produce bene". Luca 6:45. La bontà non viene da nessun uomo, ma dallo Spirito di Cristo dimorante continuamente in lui.

**Galati 5:24 Ora quelli che sono di Cristo Gesù hanno crocifisso la loro carne con le sue passioni e i suoi desideri.**

"Il nostro vecchio uomo è stato crocifisso con Lui, affinché il corpo del peccato fosse annullato, onde noi non servissimo più il peccato. Poiché colui che è morto, è affrancato dal peccato". Romani 6:6, 7. "Sono stato crocifisso con Cristo; tuttavia io vivo; ma non io, ma Cristo vive in me; e la vita che ora vivo nella carne, la vivo nella fede del Figlio di Dio, che mi ha amato e ha dato Se stesso per me". Galati 2:20. Questa è l'esperienza di ogni vero figlio di Dio. "Se uno è in Cristo, egli è una nuova creatura". 2 Corinzi 5:17. Egli vive ancora nella carne, nello stesso aspetto esteriore degli altri uomini; eppure è nello Spirito, e non nella carne. Romani 8:9. Egli vive nella carne una vita che però non è della carne, poiché la carne non ha alcun potere su di lui. Ma per quanto riguarda le sue opere, è morto. "Il corpo è morto a causa del peccato; ma lo Spirito è vita a causa della giustizia". Romani 8:10.

**Galati 5:25 Se pertanto viviamo dello Spirito, camminiamo anche secondo lo Spirito. 26 Non cerchiamo la vanagloria, provocandoci e invidiandoci gli uni gli altri.**

C'è qui qualche dubbio sul fatto che Paolo credeva che i Cristiani vivono nello Spirito? Non c'è il minimo dubbio! Non c'è alcun dubbio implicito! Poiché viviamo nello Spirito, siamo in dovere di sottometterci allo Spirito. Una persona può vivere solo tramite la potenza dello Spirito, lo stesso Spirito che all'inizio aleggiava sopra la faccia dell'abisso e produsse ordine fuori dal caos. "Lo Spirito di Dio mi ha creato, e il soffio dell'Onnipotente mi dà la vita". Giobbe 33:4. Per mezzo dello stesso soffio furono fatti i cieli. Salmo 33:6. Lo Spirito di Dio è la vita dell'universo. Lo Spirito è la presenza universale di Dio, nella quale "viviamo, ci muoviamo ed esistiamo". Atti 17:28. Siamo dipendenti dalla Spirito per la vita; quindi dobbiamo camminare in armonia con lo Spirito, dobbiamo essere guidati da Lui. Questo è il nostro "ragionevole servizio". Romani 12:1, 2.

Che vita meravigliosa è descritta qui! Vivere nella carne, come se la carne fosse spirito. "C'è un corpo naturale, e vi è un corpo spirituale". "Però, ciò che è spirituale non vien prima; ma prima ciò che è naturale; poi vien ciò che è spirituale". 1 Corinzi 15:44, 46. Noi abbiamo ora il corpo naturale. Il corpo spirituale lo riceveranno tutti i veri seguaci di Cristo alla risurrezione. Vedi 1 Corinzi 15:42-44, 50-53. Eppure, in questa vita, nel corpo naturale, gli uomini devono essere spirituali—devono vivere proprio come vivranno nel futuro corpo spirituale. "Non sei nella carne, sei nello Spirito, se lo Spirito di Dio abita veramente in te". Romani 8:9.

"Quel che è nato dalla carne è carne, e quel che è nato dallo Spirito è Spirito". Giovanni 3:6. Con la nostra nascita naturale noi ereditiamo tutti i mali enumerati in questo quinto capitolo di Galati, "e cose del genere". Siamo carnali. La corruzione ci domina. Con la nuova nascita noi ereditiamo la pienezza di Dio, essendo fatti "partecipi della natura divina, essendo sfuggiti dalla corruzione che è nel mondo a causa della concupiscenza". 2 Pietro 1:4. "Il vecchio uomo corrotto seguendo le passioni ingannatrici" (Efesini 4:22), è crocifisso, o gettato via, "affinché il corpo del peccato fosse annullato, onde noi non serviamo più al peccato". Romani 6:6.

Dimorando nello Spirito, camminando nello Spirito, la carne con le sue passioni non ha più potere su di noi, come se fossimo realmente morti e messi nelle nostre tombe. È, dunque, solo lo Spirito di Dio che anima il corpo. Lo Spirito utilizza la carne come strumento di giustizia. La carne è ancora corruttibile, ancora piena di passioni, ancora pronta a ribellarsi contro lo Spirito; ma fin tanto che noi *sottomettiamo la nostra volontà* a Dio, lo Spirito mantiene la carne sotto controllo. Se esitiamo, se nel nostro cuore torniamo indietro in Egitto, o se diventiamo fiduciosi in noi stessi e quindi allentiamo la nostra dipendenza dallo Spirito, allora costruiamo di nuovo le cose che avevamo distrutto, e rendiamo noi stessi trasgressori. Vedere Galati 2:18. *Ma ciò non deve accadere*. Cristo ha "potere sopra ogni carne", e ha dimostrato la Sua capacità di vivere una vita spirituale nella carne umana.

Questo è il Verbo fatto carne. Dio manifestato nella carne. È la rivelazione "dell'amore di Cristo che sorpassa ogni conoscenza, affinché siate ricolmi di tutta la pienezza di Dio". Efesini 3:19. Con questo spirito di amore e gentilezza che ci governa, non saremo desiderosi di vanagloria, provocandoci l'un l'altro, invidiando l'un l'altro. Tutte le cose saranno di Dio, e questo sarà riconosciuto affinché nessuno abbia alcuna ragione per vantarsi rispetto ad un altro.

Questo Spirito che dà la vita in Cristo—la vita di Cristo—è dato liberamente a tutti. "Chiunque vuole, prenda in dono dell'acqua della vita". Apocalisse di Giovanni 22:17. "E la vita è stata manifestata, e noi l'abbiamo vista, e ne rendiamo testimonianza, e vi annunziamo la vita eterna, che era presso il Padre e che fu manifestata a noi". 1 Giovanni 1:2. "Rendiamo grazie a Dio per il Suo dono ineffabile!" 2 Corinzi 9:15.

# Galati Capitolo 6

## La Gloria Della Croce

I lettori frettolosi sono inclinati a pensare che ci sia una divisione tra i capitoli 5 e 6, e che l'ultima parte tratti degli aspetti pratici della vita spirituale, mentre la prima parte [dell'epistola] sarebbe dedicata alle dottrine teoriche. Questo è un grave errore.

L'oggetto di questa lettera si vede chiaramente in questa sezione di chiusura. Il suo scopo non è di fornire terreno per la controversia, ma di ridurla al silenzio, conducendo il lettore a sottomettersi allo Spirito. Il suo scopo è quello di recuperare coloro che stano peccando contro Dio, cercando di servirLo nella loro debolezza, per condurli a servire effettivamente in novità di Spirito. Tutto il cosiddetto dibattito della parte precedente della lettera è semplicemente la dimostrazione del fatto che "le opere della carne", che sono peccato, possono essere eliminate solo tramite la "circoncisione" della croce di Cristo, servendo Dio in Spirito, e non confidando nella carne.

**Galati 6:1 Fratelli, se uno viene sorpreso in qualche colpa, voi, che avete lo Spirito, correggetelo con spirito di dolcezza. E tu vigila su te stesso, per non essere tentato anche tu.**

Quando gli uomini decidono di considerare se stessi giusti, l'orgoglio, il vanto e la critica li conduce a provocare dei litigi. Così è stato coi Galati, e così sarà sempre. Non può essere altrimenti. Ogni individuo ha il suo proprio concetto della legge. Avendo deciso di essere giustificato dalla legge, egli riduce il processo al livello della propria mente, in modo che Lui sia il giudice. Egli non può resistere alla tentazione di esaminare i suoi fratelli, così come se stesso, per vedere se sono all'altezza del suo standard. Se il suo occhio critico nota uno che non cammina secondo la sua regola, egli procede subito contro l'infrattore. Coloro che si considerano giusti costituiscono se stessi guardiani del proprio fratello, al punto da escluderlo dal proprio circolo per evitare di essere contaminati dal suo contatto. L'esortazione con la quale si apre questo capitolo è in netto contrasto con questo spirito, che è fin troppo comune nella Chiesa. Invece di cercare i difetti da condannare, dobbiamo cercare i peccatori da salvare.

A Caino, Dio disse: "Se agisci bene, non rialzerai il volto? Ma se agisci male, il peccato sta spiandoti alla porta, e i suoi desideri sono rivolti contro di te; ma tu dominalo". Genesi 4:7. Il peccato è una brutta bestia, sempre in agguato, e cerca ogni opportunità per balzare e sopraffare gli incauti. Il suo desiderio è quello di possederci, ma ci è stato dato il potere per dominarlo. "Non regni dunque il peccato nel vostro corpo mortale". Romani 6:12. Tuttavia è possibile (non necessariamente) che anche i più zelanti siano sopraffatti. "Figlioli miei, vi scrivo queste cose perché non pecchiate; e se qualcuno ha peccato, noi abbiamo un avvocato presso il Padre: Gesù Cristo, il giusto. Egli è il sacrificio propiziatorio per i nostri peccati, e non soltanto per i nostri, ma anche per quelli di tutto il mondo". 1 Giovanni 2:1, 2. Quindi, anche se uno inciampa, deve essere aiutato, e non cacciato ancor più lontano.

Il Signore descrive la Sua opera con l'illustrazione del pastore che cerca la sua pecora smarrita. L'opera del Vangelo è un'opera individuale. Anche se attraverso la predicazione del vangelo migliaia l'accettano in un solo giorno, come risultato di un sermone, però il successo è motivato dal suo effetto sul cuore di ogni singolo individuo. Quando il predicatore, parlando a migliaia, si rivolge a ciascuno individualmente, egli fa l'opera di Cristo. Quindi, se l'uomo cede alla tentazione in qualche colpa, rinvigoriscilo con spirito di mansuetudine. Il tempo di nessun uomo è così prezioso da essere considerato sprecato quando è usato per salvare una singola persona. Alcune delle verità più importanti e gloriose che le Scritture ci dicono che sono state pronunciate da Cristo, erano indirizzate ad un solo ascoltatore. Colui che si occupa e si preoccupa dei singoli agnelli del gregge è un buon pastore.

"Infatti Dio era in Cristo nel riconciliare con sé il mondo, non imputando agli uomini le loro colpe, e ha messo in noi la parola della riconciliazione". 2 Corinzi 5:19. "Egli portò i nostri peccati nel Suo corpo". 1 Pietro 2:24. Egli non ci ha imputato i nostri debiti, ma li ha presi su di Sé. "La risposta dolce calma il furore, ma la parola dura eccita l'ira". Proverbi 15:1. Cristo viene a noi con parole gentili, non ci rimprovera aspramente, onde poterci conquistare. Egli ci invita a venire a Lui e trovare riposo, a scambiare il nostro giogo opprimente di schiavitù e il carico pesante col Suo lieve giogo e col Suo carico leggero. Matteo 11:28-30.

Tutti i Cristiani sono uno in Cristo, l'Uomo che ci rappresenta. Quindi "come Egli è, così siamo anche noi in questo mondo". 1 Giovanni 4:17. Cristo era in questo mondo come un esempio di come gli uomini dovrebbero essere, e di ciò che saranno i Suoi veri seguaci quando saranno interamente consacrati a Lui. Ai Suoi discepoli Egli dice: "Come il Padre ha mandato Me, anche così Io mando voi". Giovanni 20:21. A tal fine Egli li riveste col Suo proprio potere attraverso lo Spirito. "Dio ha mandato il Figlio nel mondo non per giudicare il mondo, ma perché il mondo sia salvato per mezzo di Lui". Giovanni 3:17. Perciò noi non siamo stati inviati per condannare, ma per salvare. Pertanto l'ingiunzione recita così, "Se un uomo è sorpreso in qualche fallo ... ristoralo". Ciò non si limita a coloro che sono associati con noi, frequentando la chiesa. Siamo inviati come ambasciatori per Cristo per implorare gli uomini a riconciliarsi con Dio. 2 Corinzi 5:20. Nessun ministero sulla terra o in cielo può essere superiore a quello di essere ambasciatori per Cristo, che può anche essere il ministero dell'anima più umile e più disprezzata che è riconciliata con Dio.

## "Voi, Che Siete Spirituali"

Solo coloro che sono spirituali sono chiamati a ristorare l'errante. Nessun altro può farlo. Soltanto Lo Spirito Santo deve parlare attraverso coloro che vorrebbero riprendere e rimproverare quelli che sono caduti. È l'opera stessa di Cristo che deve essere fatta, e soltanto per la potenza dello Spirito si può essere testimoni di Lui.

Ma non sarebbe allora una grande presunzione per chiunque di andare a ristorare un fratello? Non sarebbe come pretendere che noi stessi siamo spirituali?

Non è davvero una questione di poco conto di stare al posto di Cristo davanti ad ogni uomo caduto. Il disegno di Dio è che ognuno dovrebbe fare attenzione a se stesso: "Guarda a te stesso, per non essere anche tu tentato". La regola qui stabilità è volta a operare un risveglio nella chiesa. Non appena un uomo soccombe a qualche tentazione, il dovere di ciascuno di noi non dovrebbe essere di parlare subito di lui con qualcuno, e nemmeno di andare direttamente da colui che ha sbagliato, ma di chiedere a se stesso, "Come sono le mie condizioni? Non sono io colpevole, se non della stessa cosa, di qualcos'altro ugualmente cattivo? Non potrebbe anche essere che qualche mio difetto l'abbia condotto alla sua caduta? Sto camminando nello Spirito, affinché io possa recuperarlo e non farlo allontanare ancora di più?" Questo si tradurrebbe in una riforma completa nella chiesa, e potrebbe anche darsi che fino al momento quando gli altri avrebbero deciso di andare da quella persona errante, nel frattempo essa avesse già riportato la vittoria sul diavolo.

Dando indicazioni su come trattare uno che ha commesso una trasgressione (Matteo 18:5–18), il Salvatore disse: "Io vi dico in verità che tutte le cose che avrete legato sulla terra, saranno legate nel cielo; e tutte le cose che avrete sciolte sulla terra, saranno sciolte nel cielo". Versetto 18. Questo significa che Dio impegna Se stesso ad essere vincolato da qualsiasi decisione possa prendere qualsiasi gruppo di uomini che definisca se stesso come la Sua chiesa? Certamente no. Nulla di ciò che viene fatto sulla terra può cambiare la volontà di Dio. La storia di quasi duemila anni della chiesa, così come la conosciamo, è un racconto di errori e di sbagli, di auto-esaltazione e di voler mettersi al posto di Dio.

Ma allora, cos'ha voluto dire Cristo? Ha voluto dire proprio quello che ha detto. Le sue indicazioni mostrano che Egli intendeva che la chiesa sia spirituale, ripiena di spirito di mitezza, e che ognuno che parli debba "parlare come gli oracoli di Dio". Solo la parola di Cristo deve essere nel cuore e nella bocca di tutti coloro che hanno a che fare con un trasgressore. Quando ciò si verifica, ne consegue (siccome la parola di Dio è confermata per sempre in cielo) che tutto ciò che è legato sulla terra deve essere necessariamente legato in cielo. Ma questo non sarà il caso, a meno che le Scritture non siano seguite rigorosamente nella lettera e nello spirito.

**Galati 6:2 Portate i pesi gli uni degli altri: così adempirete la legge di Cristo.**

"La legge di Cristo" si adempie portando i fardelli gli uni degli altri, poiché la legge della vita di Cristo è quella di portare dei fardelli. "Certamente Egli ha portato i nostri dolori e le nostre pene le ha prese su di sé". Chiunque vorrebbe compiere la Sua legge deve fare ancora la stessa opera in favore di coloro che sono smarriti e caduti.

"In tutte le cose conveniva a Lui essere fatto simile ai Suoi fratelli. ... Poiché, in quanto Egli stesso ha sofferto essendo tentato, può soccorrere quelli che son tentati". Ebrei 2:17, 18. Lui sa cosa vuol dire essere tentato aspramente, e sa come ottenere la vittoria. Anche se "non aveva conosciuto peccato", Egli L'ha fatto esser peccato per noi, affinché noi diventassimo giustizia di Dio in Lui. 2 Corinzi 5:21. Ha preso tutti i nostri peccati e li ha confessati davanti a Dio come se fossero stati i Suoi propri peccati.

Nello stesso modo Egli viene da noi. Invece di rimproverarci per i nostri peccati, Egli apre il suo cuore a noi e ci dice come Egli ha sofferto lo stesso disagio, il dolore, il dispiacere e la vergogna. Così Egli conquista la nostra fiducia. Sapendo che è passato attraverso la stessa esperienza, che è sceso fino ai limiti inferiori, siamo pronti ad ascoltarLo quando ci parla della via d'uscita. Sappiamo che Egli sta parlando per esperienza.

Quindi la maggior parte dell'opera di salvataggio dei peccatori consiste nel mostrare noi stessi un tutt'uno con loro. È con la confessione delle nostre colpe che noi salviamo altri. L'uomo che si sente senza peccato non è l'uomo che possa ricuperare il peccatore. Se dici a uno che è stato sorpreso in qualche fallo, "Come hai mai potuto fare una cosa simile? Io non ho mai fatto una cosa del genere in vita mia! Non riesco a immaginare come qualcuno con un minimo di senso di rispetto di se stesso potrebbe farlo", faresti molto meglio a restartene a casa. Dio ha scelto un fariseo, e solo uno, per essere apostolo. E lui non è stato chiamato fino a quando non ha potuto riconoscere se stesso come il primo dei peccatori.

È umiliante confessare il peccato, ma la via della salvezza è la via della croce. È stato solo tramite la croce che Cristo ha potuto essere il Salvatore dei peccatori. Pertanto, se vogliamo condividere la Sua gioia, dobbiamo sopportare con Lui la croce, disprezzando l'ignominia. Ricordate questo fatto: Solo confessando i nostri peccati noi siamo in grado di salvare gli altri dai loro peccati. Solo così possiamo mostrare loro la via della salvezza; poiché è colui che confessa i suoi peccati che ottiene la purificazione dai peccati stessi e può quindi condurre altri alla fontana.

**Galati 6:3 Se infatti uno pensa di essere qualcosa, mentre non è nulla, inganna se stesso. 4 Ciascuno esamini invece la propria condotta e allora terrà il suo vanto solo per sé e non andrà più ad esporlo davanti agli altri.**

Notate quelle parole, "mentre non è nulla". Non dice che non dobbiamo pensare che noi stessi siamo qualcosa fino a quando siamo qualcosa. No; si tratta di una dichiarazione del fatto che non siamo nulla. Non solo un singolo individuo, ma tutte le nazioni sono nulla davanti al Signore. Se mai in qualsiasi momento pensiamo a noi stessi come se fossimo qualcosa, inganniamo noi stessi. E spesso noi inganniamo noi stessi, e così roviniamo l'opera del Signore.

Ricordate "la legge di Cristo". Anche se Lui era tutto, Egli "spogliò se stesso" affinché l'opera di Dio potesse essere fatta. "Un servo non è più grande del suo padrone". Giovanni 13:16. Dio solo è grande. "Ogni uomo nella sua condizione migliore è del tutto vanità". Salmo 39:5. Dio solo è vero, ma ogni uomo è un bugiardo. Quando riconosciamo e viviamo nella consapevolezza di questo, siamo nella posizione in cui lo Spirito di Dio ci può riempire, e allora Dio potrà operare per nostro tramite. L'"uomo del peccato" è colui che si esalta. 2 Tessalonicesi 2:3, 4. Il figlio di Dio è colui che si umilia.

**Galati 6:5 Ciascuno infatti porterà il proprio fardello.**

Si tratta di una contraddizione del versetto 2? Assolutamente no. Quando la Scrittura ci dice di sopportare i fardelli gli uni degli altri, non ci dice di gettare il nostro fardello su di un altro. Ognuno deve gettare il suo proprio fardello sul Signore. Salmo 55:22. Egli porta i fardelli di tutta l'umanità, non in massa, ma per ciascuno singolarmente. Noi non gettiamo i nostri fardelli su di Lui raccogliendoli nelle nostre mani o nella nostra mente e buttandoli lontano da noi stessi su qualcuno che è a distanza. Non si deve mai fare questo. Molti hanno cercato di sbarazzarsi del loro peso di peccato, di dolore, di preoccupazioni e di pene, ma hanno sempre fallito.

Facendo così hanno sentito il carico ritornare sul loro capo più pesante che mai, fino a che non sono quasi affondati nella disperazione. Qual era il problema? Semplicemente questo: essi consideravano Cristo troppo distante da loro, e hanno ritenuto che essi stessi dovessero colmare il divario. È impossibile. L'uomo che è "senza forza" non può gettare il suo carico nemmeno per la lunghezza del suo braccio. Fin tanto che continuiamo a tenere il Signore lontano da noi per la distanza di un braccio, non possiamo trovar sollievo dal carico opprimente. Quando riconosciamo e confessiamo Lui come il nostro unico sostegno, cioè la nostra vita, Colui il cui potere opera ogni movimento in noi, e così confessiamo che noi non siamo nulla e sprofondiamo fuori di vista, allora noi abbandoneremo il fardello su Cristo. Lui sa cosa farne. E unendoci a Lui, impariamo da Lui a sopportare i fardelli degli altri.

Allora, come portare il nostro proprio fardello? È la divina "potenza che opera in noi" che lo porta! "Sono stato crocifisso con Cristo: tuttavia, io vivo; ma non io, ma Cristo vive in me". Galati 2:20. Sono io, eppure non sono io, ma Cristo.

Ora ho imparato il segreto! Io non annoierò qualcun altro con la storia del mio fardello, ma lo porterò io stesso; ma non io, ma Cristo in me. Ci sono molte persone in tutto il mondo che non hanno ancora imparato questa lezione di Cristo, cosicché ogni Figlio di Dio troverà sempre del lavoro da fare nel portare i fardelli degli altri. Egli affiderà il suo proprio fardello al Signore. Non è forse meraviglioso avere "Colui che è potente" che porta sempre i nostri fardelli?

Questa lezione l'impariamo dalla vita di Cristo. Egli andò intorno facendo del bene poiché Dio era con Lui. Egli confortò i sofferenti. Egli sanò i cuori contriti, Egli guarì tutti coloro che erano oppressi dal diavolo. Nessuno che andò da Lui con una storia di dolore o di malattia angosciante è stato respinto senza avere ricevuto sollievo. "Questo è accaduto perché si adempisse ciò che era stato detto per mezzo del profeta Isaia, 'Egli ha preso le nostre infermità e si è addossato le nostre malattie.'" Matteo 8:17.

E poi, quando la notte spediva la moltitudine al loro letti, cercava la montagna o la foresta, affinché in comunione con il Padre, per il quale ha vissuto, potesse trovare nuove provvigioni di vita e di forza per la Sua propria anima. "Ciascuno metta alla prova la propria opera". "Esaminate voi stessi, per vedere se siete nella fede. Mettetevi alla prova. Non vi rendete conto che Gesù Cristo è in voi? A meno che proprio non siate riprovati". 2 Corinzi 13:5. "Egli fu crocifisso per la Sua debolezza; ma vive per la potenza di Dio; e anche noi siam deboli in Lui, ma vivremo con Lui per la potenza di Dio. nel nostro procedere verso di voi", versetto 4.

Quindi, se la nostra fede ci dimostra che Cristo è in noi (e la fede ci dimostra la realtà del fatto), ci rallegriamo solo in noi stessi, e non in un altro. Abbiamo la gioia in Dio per mezzo del Signore nostro Gesù Cristo, e la nostra gioia non dipende da nessun'altra persona al mondo. Anche se tutti dovessero cadere e scoraggiarsi, noi possiamo resistere, poiché "il solido fondamento di Dio—Cristo—rimane fermo". 2 Timoteo 2:19.

Quindi nessuno che si definisce Cristiano, anche se dovesse essere il più debole dei deboli, si accontenti di appoggiarsi a qualcun altro, ma sia un portatore del fardello, un operatore insieme con Dio, in Cristo, portando con calma e senza lamentarsi i propri fardelli, ed anche quelli dei suoi vicini. Egli può scoprire alcuni fardelli del fratello che non si lamenta e portarli per lui, e l'altro farà altrettanto. Così la gioia del debole sarà: "Il Signore Dio è la mia forza ed il mio cantico, la mia salvezza". Isaia 12:2.

**Galati 6:6 Chi viene istruito nella Parola, condivida tutti i suoi beni con chi lo istruisce.**

Non ci può essere alcun dubbio che ciò si riferisce principalmente ad un sostegno temporale. Se un uomo si dedica totalmente al ministero della Parola, è evidente che le cose necessarie per il suo mantenimento devono provenire da coloro che vengono istruiti. Ma questo non esaurisce assolutamente il significato dell'ingiunzione. Colui a cui viene insegnata la Parola deve condividere col maestro "tutti i suoi beni". L'aiuto reciproco è il tema di questo capitolo. "Portate i fardelli gli uni degli altri". Anche l'insegnante che è mantenuto da coloro ai quali insegna deve usare il suo denaro per aiutare altri. Cristo e gli apostoli (che non avevano nulla di se stessi, poiché Cristo è stato il più povero tra i poveri), e i discepoli avevano rinunciato a tutto per seguirLo, tuttavia distribuivano ai poveri, prelevando dalle loro piccole risorse. Vedi Giovanni 13:29.

Quando i discepoli dissero a Gesù di congedare le folle affamate, affinché potessero comprarsi da mangiare, Egli disse, "Non occorre che vadano via; date lor voi da mangiare". Matteo 14:16. Non stava scherzando con loro. Intendeva dire quel che aveva detto. Egli sapeva che loro non avevano niente da dare alla folla, ma avevano tanto quanto Egli aveva. Non avevano capito il potere delle Sue parole, così Lui stesso prese i pochi pani e li distribuì ai discepoli, e così essi nutrirono realmente le persone affamate. Ma le Sue parole che aveva proferito loro signifcavano che essi avrebbero dovuto fare proprio quello che Egli fece. Quante volte la nostra mancanza di fede nella parola di Cristo ci ha impedito di fare il bene condividendo ciò che abbiamo (Ebrei 13:16), che è ciò che costituisce i sacrifici che piacciono a Dio.

Così come gl'insegnanti non impartiscono solo la Parola,

ma forniscono anche sostegno temporale, coloro ai quali viene insegnata la Parola non dovrebbero limitare la loro liberalità ai beni temporali. È un errore supporre che i ministri del vangelo non abbiano mai bisogno di essere rinvigoriti spiritualmente, o che non possano essere rinvigoriti dal più debole membro del gregge. Nessuno potrà mai sapere quanto le anime degli insegnanti sono incoraggiate dalle testimonianze di fede e di gioia nel Signore che provengono dalla bocca di coloro che hanno ascoltato la Parola. Non si tratta semplicemente del fatto che l'insegnante vede che la sua opera non è stata vana. La testimonianza può non avere alcun riferimento a qualcosa che egli abbia fatto. Ma la testimonianza gioiosa di un'anima umile di ciò che Dio ha fatto per lui, costituirà spesso, attraverso il rinvigorimento che essa dà al maestro della Parola, il mezzo per rafforzare le anime di centinaia.

**Galati 6:7 Non fatevi illusioni: Dio non si lascia ingannare. Ciascuno raccoglierà quello che avrà seminato. 8 Chi semina nella sua carne, dalla carne raccoglierà corruzione; chi semina nello Spirito, dallo Spirito raccoglierà vita eterna.**

Questo è un semplice dato di fatto che non può essere reso più chiaro da nessuna quantità di discorsi. La raccolta, che è la fine del mondo, rivelerà se la semina è stata di grano o di zizzania. "Seminate a voi stessi nella giustizia, raccogliete secondo la misericordia; dissodate la vostra terra incolta: poiché è il momento di cercare il Signore, finché egli non venga e non spanda su voi la pioggia della giustizia". Osea 10:12. "Chi confida nel proprio cuore è uno stolto;" (Proverbi 28:26); e altrettanto stupido è chi confida in altri uomini, come si vede dal versetto 13 di Osea 10. "Voi avete arato la malvagità, avete mietuto l'iniquità; avete mangiato il frutto della menzogna; perché tu hai avuto fiducia nelle tue vie, nella moltitudine de'tuoi prodi". "Maledetto l'uomo che confida nell'uomo e fa della carne il suo braccio", sia essa la sua propria carne o quella di un altro uomo. "Beato l'uomo che confida nel Signore, e la cui fiducia è nel Signore". Geremia 17:5, 7.

Ogni cosa duratura viene dallo Spirito. La carne è corrotta, ed essa corrompe. Colui che segue il proprio piacere, soddisfando i desideri della carne e della mente, mieterà un raccolto di corruzione e di morte. Ma "lo Spirito è vita a causa della giustizia", (Romani 8:10), e chi segue solo la mente dello Spirito raccoglierà gloria eterna. "Poiché se vivete secondo la carne, voi morirete, ma se mediante lo Spirito fate morire le opere del corpo, vivrete". Romani 8:13. Meraviglioso! Se viviamo, moriamo; se moriamo, viviamo! Questa è la testimonianza di Gesù: "Chi vorrà salvare la propria vita, la perderà, ma chi perderà la propria vita per causa Mia, la troverà" Matteo 16:25.

Ciò non significa la perdita di ogni gioia nel presente. Ciò non significa subire una privazione e una punizione continua, privandoci di qualcosa che noi agogniamo allo scopo di ottenere qualcos'altro in cambio più tardi. Ciò non significa che la vita presente debba essere una morte vivente, un'agonia continua! Lungi da ciò. Questa è un'idea brutale e falsa della vita Cristiana, una vita che si può trovare solo nella morte. No; chi viene a Cristo e beve dallo Spirito ha in sé "una sorgente di acqua viva che zampilla per la vita eterna". Giovanni 4:14. La gioia dell'eternità è sua adesso. La sua gioia è piena ogni giorno. Egli è abbondantemente soddisfatto dell' "abbondanza della casa di Dio", bevendo dalla fontana del piacere stesso di Dio, della Sua volontà. Egli ha tutto ciò che brama, poiché il suo cuore e la sua carne esultano solo per Dio, in Cui è tutta la pienezza. Una volta egli pensava di "vedere la vita", ma ora sa che egli stava solo guardando nella fossa, nell'abisso della corruzione. Soltanto ora comincia davvero a vivere, e la gioia della nuova vita è "indicibile e piena di gloria". Così egli canta:—

> "Adesso nessun altro se non Cristo può soddisfare,
>   Nessun altro nome per me;
> L'amore, e la vita, e la gioia duratura,
>   Signore Gesù, ho trovato in Te".

Un generale avveduto cerca sempre di conquistare le posizioni più forti. Quindi, ovunque vi è una ricca promessa per i credenti, Satana cerca di distorcerla in modo da trasformarla in una fonte di scoraggiamento. Di conseguenza, ha fatto credere a molti che le parole: "Chi semina nella sua carne, dalla carne raccoglierà corruzione", significhino che essi dovranno per tutta la vita, anche dopo essere nati di Spirito, subire le conseguenze del peccato compiuto nella loro vita peccaminosa di prima di essere nati di Spirito. Alcuni hanno supposto che anche nell'eternità avrebbero dovuto sopportare le cicatrici dei loro vecchi peccati, dicendo: "Io non potrò mai sperare di essere quello che avrei potuto essere se non avessi mai peccato".

Che calunnie sulla misericordia di Dio e sulla redenzione in Cristo Gesù! Questa non è la libertà con cui Cristo ci rende liberi. L'esortazione è: "Come già prestaste le vostre membra al servizio dell'impurità per commettere l'iniquità, così prestate ora le vostre membra a servizio della giustizia per la vostra santificazione". Romani 6:19. Ma se colui che si sottomette in tal modo alla giustizia deve sempre essere ostacolato dalle sue vecchie cattive abitudini, ciò proverebbe che il potere della giustizia è inferiore a quello del peccato. Ma la grazia di Dio è potente come il cielo stesso.

Considerate il caso di un uomo che per reati gravi è stato condannato al carcere a vita. Dopo alcuni anni di carcere egli riceve un perdono gratuito e viene rimesso in libertà. Qualche tempo dopo l'incontriamo e notiamo che ha una palla di cannone di venti chili attaccata alla sua gamba tramite una catena massiccia, in modo che possa camminare solo con grande difficoltà. "Ma come, cosa significa questo?" chiediamo sorpresi. "Non ti era stata data la tua libertà?"

"Oh, sì", risponde, "sono libero; ma devo portare questa palla al piede e la catena come ricordo dei miei vecchi crimini".

Ogni preghiera ispirata dallo Spirito Santo è una promessa di Dio. Questa è una delle più graziose: "Non ricordarTi de' peccati della mia giovinezza, né delle mie trasgressioni; secondo la Tua benignità ricordaTi di me, per amore della Tua bontà, oh Signore!" Salmo 25:7.

Quando Dio perdona e dimentica i nostri peccati, Egli ci dà un tale potere per sfuggire da essi, che sarà come se non avessimo mai peccato. Con le "grandissime e preziosissime promesse" noi siamo fatti "partecipi della natura divina, essendo sfuggiti alla corruzione che è nel mondo a causa della concupiscenza". 2 Pietro 1:4. L'uomo è caduto mangiando dall'albero della conoscenza del bene e del male. Il Vangelo presenta una redenzione dalla caduta tale che tutti i brutti ricordi del peccato verranno cancellati. I redenti conosceranno solo il bene, come Cristo, "che non ha conosciuto peccato".

Coloro che seminano nella carne, dalla carne raccoglieranno corruzione, come tutti noi abbiamo dimostrato in noi stessi. "Or voi non siete nella carne ma nello Spirito, se pur lo Spirito di Dio abita in voi". Romani 8:9. Lo Spirito ha il potere di liberarci dai peccati della carne e da tutte le loro conseguenze. Cristo "ha amato la Chiesa e ha dato Se stesso per essa; per renderla santa, purificandola per mezzo del lavacro dell'acqua mediante la Parola, affinché Egli possa presentare a Sé una Chiesa gloriosa, senza macchia, né ruga o alcunché di simile; ma santa e immacolata". Efesini 5:25-27. "Per le Sue piaghe noi siamo stati guariti". La memoria del peccato, ma non la memoria dei peccati individuali, vivrà nell'eternità solo nelle cicatrici delle mani e dei piedi e del costato di Cristo. Questi sono il sigillo della nostra perfetta redenzione.

**Galati 6:9 E non stanchiamoci di fare il bene; se infatti non desistiamo, a suo tempo mieteremo.**

È così facile per noi stancarci di fare del bene, quando non guardiamo a Gesù. Ci piace avere dei piccoli intervalli, poiché fare costantemente il bene ci sembra una fatica immane. Ma questo avviene solo quando non abbiamo pienamente imparato la gioia del Signore, la forza che ci permette di evitare di stancarci. "Coloro che sperano nel Signore riacquistano forza, si alzano con le ali come aquile, corrono senza affannarsi, essi cammineranno e non sveniranno". Isaia 40:31.

Ma ciò cui si fa specialmente riferimento qui, come risulta dal contesto, non è semplicemente la necessità di resistere alla tentazione nella nostra carne, ma anche di aiutare gli altri. A questo riguardo abbiamo bisogno di imparare una lezione da Cristo, il Quale "non verrà meno e non s'abbatterà finché non avrà stabilito la giustizia sulla terra". Isaia 42:4. Anche se molti di quelli che Egli ha guarito non hanno mai dimostrato il minimo segno di gratitudine, ciò non ebbe importanza per Lui. Egli è venuto per fare del bene e non per essere apprezzato. Pertanto, "la mattina semina il tuo seme, e la sera non trattenere la mano; poiché non si sa quale prospererà, questo o quello, o se entrambi saranno buoni". Ecclesiaste 11:6.

Non possiamo prevedere quanto raccoglieremo, né da quale seme che seminiamo raccoglieremo. Alcuni semi possono cadere in margine alla strada ed essere strappati via prima che abbiano il tempo di mettere radice; altri possono cadere su un terreno sassoso, dove appassiranno, ed altri ancora possono cadere fra le spine ed essere soffocati. Ma una cosa è certa, che noi raccoglieremo. Non sappiamo se la semina del mattino o la semina della sera prospererà, o se entrambe saranno ugualmente buone; ma non vi è alcuna probabilità che entrambe possano essere cattive. Solo l'una o l'altra può prosperare, oppure entrambe possono essere buone.

Questo incoraggiamento non è sufficiente perché non abbiamo a stancarci di fare il bene? Il terreno può sembrare povero, e la stagione non favorevole. La previsione di un raccolto può essere tutt'altro che promettente, e noi possiamo essere tentati di pensare che tutto il nostro lavoro sia sprecato. Non sarà così! "A suo tempo mieteremo, se non ci perdiamo d'animo". "Perciò, fratelli miei carissimi: siate saldi, incrollabili, abbondanti sempre nell'opera del Signore, sapendo che la vostra fatica non è vana nel Signore". 1 Corinzi 15:58.

**Galati 6:10 Poiché dunque ne abbiamo l'occasione, operiamo il bene verso tutti, soprattutto verso i fratelli nella fede.**

In questo versetto vediamo che l'apostolo parla di aiuto materiale, poiché noi non abbiamo bisogno di alcun comando speciale per predicare la Parola a coloro che non sono della famiglia della fede. Questi sono coloro a cui deve essere particolarmente predicato. Ma vi è una tendenza naturale—naturale, dico, non spirituale—a limitare la nostra beneficenza a coloro che sono considerati "meritevoli". Sentiamo tanto parlare del "povero che è degno". Ma siamo tutti indegni anche della più piccola delle benedizioni celesti; eppure esse vengono versate continuamente su di noi. "Se fate del bene a coloro che vi fanno del bene, che merito ne avrete? Poiché anche i peccatori fanno lo stesso. E se prestate a coloro da cui sperate di ricevere, che merito ne avrete? Poiché i peccatori concedono prestiti ai peccatori, con la speranza di ricevere altrettanto. Ma voi amate i vostri nemici, fate del bene e prestate senza sperarne nulla di ritorno; e il vostro premio sarà grande, e voi sarete i figli dell'Altissimo; poiché Egli è benevolo verso gli ingrati e i malvagi". Luca 6:33-35.

Fare del bene agli altri deve essere considerato un privilegio da essere goduto, e non un dovere gravoso da essere evitato. Gli uomini non parlano di cose sgradevoli come di opportunità. Nessuno dice che ha avuto la possibilità di perdere dei soldi. Al contrario, un uomo parlerà di una possibilità di fare qualche soldo o di sfuggire ad un pericolo che lo minaccia. È così che dobbiamo considerare il fare del bene ai bisognosi.

Ma le opportunità devono essere sempre ricercate. Gli uomini sono sempre alla ricerca di un'opportunità per ottenere un guadagno. Pertanto l'apostolo ci insegna che dovremmo cercare opportunità per aiutare qualcuno. Così ha fatto Cristo. Egli "andò intorno facendo del bene". Ha viaggiato attraverso il paese a piedi, alla ricerca di opportunità per fare qualcosa di buono a qualcuno, ed Egli ha trovato dei bisognosi. Ha fatto del bene, "poiché Dio era con Lui". Il Suo nome è Emanuele, che significa "Dio con noi". Ora, siccome Egli sarà con noi tutti i giorni fino alla fine del mondo, così Dio è con noi, facendo del bene a noi, affinché anche noi possiamo fare del bene.

**Galati 6:11 Vedete con che grossi caratteri vi scrivo, di mia mano.**

Lo zelo che consumava l'apostolo Paolo nello scrivere si riconosce dal fatto che, contrariamente alla suo abitudine, egli scrisse questa lettera, o una parte della lettera, di sua mano. Come accennato nel capitolo 4, l'apostolo soffriva di un problema di vista. Questo lo ostacolava molto nel suo lavoro, o glielo avrebbe impedito, se non fosse stato per la potenza di Dio che era su di lui. Era sempre necessario che lui avesse qualcuno con lui che l'aiutasse. Alcuni hanno approfittato di questo fatto per scrivere alle chiese, in nome di Paolo, delle lettere che turbarono i fratelli. Vedere 2 Tessalonicesi 2:2. Ma in 2 Tessalonicesi Paolo mostrò loro come potrebbero riconoscere se un'epistola proveniva da lui. Indipendentemente da chi scriveva il corpo dell'epistola, egli stilava il saluto e la firma di sua mano. Tuttavia, in questo caso l'urgenza era tale, che lui stesso potrebbe aver scritto l'intera lettera di sua mano.

**Galati 6:12 Quelli che vogliono fare bella figura nella carne, vi costringono a farvi circoncidere, solo per non essere perseguitati a causa della croce di Cristo.**

Non possiamo ingannare Dio, ed è inutile ingannare noi stessi o gli altri. "Il Signore non vede come vede l'uomo; l'uomo guarda l'apparenza, ma il Signore guarda al cuore". 1 Samuele 16:7. La circoncisione in cui i "falsi fratelli" cercavano di convincere i Galati a confidare, significava di confidare nella propria giustizia, invece di confidare nella giustizia per fede. Essi avevano la legge solo come "forma di giustizia e di verità". Con le loro opere avrebbero fatto "una bella figura nella carne", ma era solo uno spettacolo vuoto, inutile; non vi era in esso alcuna traccia di realtà. Essi potevano sembrare giusti senza subire persecuzione a motivo della croce di Cristo.

**Galati 6:13 Infatti neanche gli stessi circoncisi osservano la Legge, ma vogliono la vostra circoncisione per trarre vanto dalla vostra carne.**

Non hanno infatti osservato la legge—assolutamente no. La carne si oppone alla legge dello Spirito, e "quelli che sono nella carne non possono piacere a Dio". Ma essi desideravano fare dei convertiti alla "nostra fede", come tanti chiamano le teorie particolari cui essi aderiscono. Cristo disse: "Guai a voi, scribi e farisei ipocriti! Poiché voi scorrete mare e terra per fare un proselito, e quando si è fatto, lo rendete due volte più figlio della geenna di voi". Matteo 23:15. Tali insegnanti si glorificano nella carne dei loro "convertiti". Se possono contare quante persone appartengono alla "nostra denominazione", quanto "guadagno" è stato ottenuto durante l'anno scorso, essi si sentono virtuosamente felici. I numeri e le apparenze contano molto per gli uomini, ma non contano niente per Dio.

**Galati 6:14** Quanto a me invece non ci sia altro vanto che nella croce del Signore nostro Gesù Cristo, per mezzo della quale il mondo per me è stato crocifisso, come io per il mondo.

Perché gloriarsi nella croce? Perché attraverso di essa il mondo è crocifisso per noi e noi per il mondo. La lettera si conclude là dov'era iniziata, con la liberazione da "questo mondo di male". È la croce sola che compie la liberazione. La croce è il simbolo di umiliazione. Pertanto ci gloriamo in essa.

## Dio Rivelato nella Croce

"Non lasciare che l'uomo saggio si glori della sua sapienza, l'uomo forte non si glori della sua forza, né lasciate che il ricco si glori della sua ricchezza". Geremia 9:23.

Perché non dovrebbe il saggio gloriarsi della sua saggezza? Poiché quanta è la sua propria saggezza, tale è la sua stoltezza. "La sapienza di questo mondo è stoltezza davanti a Dio". 1 Corinzi 3:19. Nessun uomo ha alcuna saggezza in cui gloriarsi, poiché la sua saggezza è stoltezza. La sapienza che Dio dà è qualcosa che provoca umiltà, invece di orgoglio.

Che dire della potenza? "Ogni carne è come l'erba". Isaia 40:6. "Ogni uomo nella sua condizione migliore è del tutto vanità". Salmo 39:5. "Gli uomini di basso livello sono vanità, e gli uomini di alto livello sono una menzogna; se messi sulla bilancia, vanno su, tutti assieme son più leggeri della vanità". Ma "la potenza appartiene a Dio". Salmo 62:9, 11.

Per quanto riguarda le ricchezze, esse sono "incerte". 1 Timoteo 6:17. L'uomo "accumula ricchezze, e non sa chi le raccoglierà". Salmo 39:6. "La ricchezza si mette le ali; vola via come un'aquila verso il cielo". Proverbi 23:5. Solo in Cristo si trovano ricchezze imperscrutabili e durature.

L'uomo non ha quindi assolutamente nulla di cui vantarsi. Cosa rimane di un uomo, dal momento che non ha nulla che possa essere chiamato ricchezza, saggezza, e assolutamente nessuna forza? Tutto ciò che l'uomo è o ha viene dal Signore. Quindi colui che si glori si glori nel Signore. 1 Corinzi 1:31.

Ora mettete questo testo vicino a Galati 6:14. Lo stesso Spirito ha inspirato entrambi i testi, quindi non c'è alcuna contraddizione. Un testo dice che ci dobbiamo gloriare solo nella conoscenza del Signore. L'altro dice che non c'è nulla in cui gloriarsi, eccetto che nella croce del Signore nostro Gesù Cristo. La conclusione, quindi, è che nella croce troviamo la conoscenza di Dio. Conoscere Dio è la vita eterna, e non c'è vita per l'umanità se non attraverso la croce di Cristo. Così, ancora una volta vediamo molto chiaramente che tutto ciò che si può conoscere di Dio ci è stato rivelato nella croce. Fuori dalla croce, non c'è conoscenza di Dio.

Questo ci mostra di nuovo che la croce è visibile in tutta la creazione. L'eterna potenza e divinità di Dio, tutto ciò che si può conoscere di Lui, si vede nelle cose che ha fatto. Dalla debolezza Dio ricava forza. Egli salva gli uomini per mezzo della morte, in modo che anche i morti possano riposare nella speranza. Nessun uomo può essere così povero, così debole e peccatore, così degradato e disprezzato, che non possa gloriarsi nella croce. La croce lo preleva proprio da là dove si trova, poiché essa è il simbolo di vergogna e degrado. Essa rivela la potenza di Dio in lui, ed è qui la ragione per una gloria eterna.

## La Croce Crocifigge

La croce ci separa dal mondo. Gloria! Poiché allora ci unisce a Dio, poiché l'amicizia del mondo è inimicizia con Dio. "Chi dunque vuole essere amico del mondo si rende nemico di Dio". Giacomo 4:4. Attraverso la Sua croce Cristo ha distrutto l'inimicizia. Efesini 2:15, 16. "E il mondo passa con la sua concupiscenza di esso; ma chi fa la volontà di Dio rimane per sempre". 1 Giovanni 2:17. Allora lasciamo che il mondo passi via.

"Svanisci, svanisci, ogni gioia terrena.
    Gesù è mio;
Rompete ogni legame affettuoso,
    Gesù è mio.
Buio è il deserto;
La terra non offre luogo di riposo;
Solo Gesù può benedire;
    Gesù è mio".

Gesù disse: "Io, quando sarò elevato da terra, attirerò tutti a Me". Giov 12:32. Questo disse indicando di quale morte doveva morire, vale a dire, la morte di croce. "Umiliò se stesso" fino alla morte, "e alla morte di croce. Per questo Dio L'ha esaltato e Gli ha dato il nome che è al di sopra di ogni altro nome". Filippesi 2:8, 9.

È stato attraverso la morte che Egli è asceso alla destra della Maestà nei cieli. È stata la croce che L'ha sollevato dalla terra al cielo. Quindi è solo la croce che ci porta alla gloria, ed allora è l'unica cosa in cui possiamo gloriarci. La croce, che significa la derisione e la vergogna del mondo, ci solleva da questo mondo e ci introduce con Cristo nei luoghi celesti. La forza con cui lo fa è "la potenza che opera in noi", la potenza che opera e sostiene tutte le cose nell'universo.

**Galati 6:15 Non è infatti la circoncisione che conta, né la non circoncisione, ma l'essere nuova creatura.**

La salvezza non viene dall'uomo, qualunque sia il suo stato o condizione, o qualsiasi cosa egli possa fare. Se non è circonciso è perduto. Se è circonciso, egli non è più vicino alla salvezza. Solo la croce ha il potere di salvare. L'unica cosa che abbia valore è una nuova creatura, o, come indicato nella Revised Standard Version, "una nuova creazione". "Se uno è in Cristo, egli è una nuova creatura" (2 Corinzi 5:17); ed è solo attraverso la morte che noi diventiamo uniti a Lui. Vedere Romani 6:3.

"Niente nella mia mano io porto;
Semplicemente alla Tua croce mi aggrappo".

La croce fà una nuova creazione. Anche qui abbiamo un motivo per gloriarci in essa. Quando all'inizio la nuova creazione uscì dalla mano di Dio, "le stelle del mattino cantavano insieme, e tutti i figli di Dio gridavano di gioia". Giobbe 38:7.

# Il Segno della Croce

Mettiamo insieme le idee che si ricavano da tutti i testi che abbiamo letto: (1) La croce di Cristo è l'unica cosa in cui gloriarsi,

(2) chi si gloria deve gloriarsi solo nella conoscenza di Dio, (3) Dio ha scelto le cose deboli del mondo per confondere i potenti, in modo che nessuno possa gloriarsi, se non in Lui, e (4) Dio si rivela nelle cose che ha fatto. Anche la creazione, che manifesta la potenza di Dio, presenta la croce, poiché la croce di Cristo è la potenza di Dio, e Dio è fatto conoscere da essa.

Con che cosa restiamo? Con questo: che il potere che è stato necessario per creare il mondo e tutte le cose che sono in esso, il potere che mantiene tutte le cose in esistenza, è il potere che salva coloro che hanno fiducia in esso. Questo è il potere della croce.

Quindi il potere della croce, l'unico mezzo attraverso il quale viene la salvezza, è il potere che crea e continua ad operare in tutta la creazione. Ma quando Dio crea una cosa, questa è "molto buona". Quindi in Cristo, nella Sua croce, c'è "una nuova creazione". "Noi siamo opera Sua, creati in Cristo Gesù per le opere buone, che Dio ha precedentemente preparato, affinché le pratichiamo". Efesini 2:10. È nella croce che si produce questa nuova creazione, poiché il suo potere è il potere mediante il quale "in principio Dio creò il cielo e la terra". Questo è il potere che preserva la terra dalla distruzione a causa della maledizione, il potere che provoca il cambiamento delle stagioni, il tempo della semina e del raccolto, e che finalmente rinnoverà la faccia della terra. "Si coprirà di fiori, e festeggerà con giubilo e canti. La gloria del Libano sarà data ad essa, la maestosità del Carmelo e di Saron. Essi vedranno la gloria del Signore, la maestà del nostro Dio". Isaia 35:2.

"Le opere del Signore sono grandi, ricercate da tutti coloro che si dilettano in esse. Il suo lavoro è splendore e magnificenza: e la sua giustizia dura per sempre. Egli ha fatto sì che le Sue meraviglie fossero ricordate; il Signore è misericordioso e pieno di compassione". Salmo 111:2-4.

Qui vediamo che le meravigliose opere di Dio rivelano la Sua giustizia, così pure come la Sua grazia e compassione. Questa è un'altra prova che le Sue opere rivelano la croce di Cristo, in cui si concentrano infinito amore e misericordia.

Ma "Egli ha fatto le Sue opere meravigliose per essere ricordate;" oppure: "Egli ha fatto anche un memoriale per i Suoi prodigi". Perché vuole che gli uomini si ricordino e facciano conoscere i Suoi atti potenti? Affinché non abbiano a dimenticare, ma abbiano fiducia nella Sua salvezza. Egli vorrebbe che gli uomini meditino continuamente sulle Sue opere, affinché possano conoscere la potenza della croce. Così, quando Dio fece il cielo e la terra e tutte le loro schiere in sei giorni, "il settimo giorno Dio terminò la Sua opera che aveva fatto, e si riposò il settimo giorno da ogni Suo lavoro che aveva fatto. Dio benedisse il settimo giorno e lo santificò, poiché in esso Dio si riposò da tutta l'opera che aveva fatto nella creazione". Genesi 2:2, 3.

La croce ci trasmette la conoscenza di Dio, perché ci mostra la Sua potenza di Creatore. Attraverso la croce siamo crocifissi al mondo, e il mondo a noi. Attraverso la croce noi siamo stati santificati. La santificazione è opera di Dio, non dell'uomo. Solo il suo potere divino può compiere questa grande opera. Nel principio Dio santificò il Sabato per coronare la Sua opera creativa, a prova che la Sua opera era finita, a guisa di sigillo della perfezione. Perciò Egli dice: "Inoltre diedi loro i miei sabati, per essere un segno fra me e loro, che essi possano riconoscere che sono Io il Signore che li santifica". Ezechiele 20:12.

Così vediamo che il Sabato, il settimo giorno, è il vero segno della croce. È il memoriale della creazione, e la redenzione è creazione, creazione attraverso la croce. Nella croce troviamo le opere complete e perfette di Dio, e siamo rivestiti di esse. Crocifisso con Cristo significa il totale abbandono di se stessi, riconoscendo che non siamo nulla, e confidando assolutamente nei meriti di Cristo. In Lui ci riposiamo. In Lui troviamo il Sabato. La croce ci riporta agli inizi, in "ciò che era fin da principio". Il riposo nel settimo giorno della settimana non è altro che il segno del fatto che nella perfetta opera di Dio, come essa si vede nella creazione, nella croce, troviamo sollievo dal peccato.

La croce significa la morte, ma significa anche l'ingresso alla vita. Vi è la guarigione nelle ferite di Cristo, benedizione nella maledizione che Egli portò, la vita nella morte che soffrì. Chi osa dire che confida di Cristo per la vita eterna, se egli non osa confidare in Lui per alcuni anni, o mesi, o giorni di vita in questo mondo?

Ora ditelo ancora una volta, e ditelo con il cuore: "Lungi da me di gloriarmi, eccetto nella croce del Signore nostro Gesù Cristo, con la quale il mondo è stato crocifisso per me, come io per il mondo". Se voi potete dire questo in verità, constaterete che le tribolazioni e le afflizioni sono così lievi, al punto da gloriarsi in esse.

## La Gloria della Croce

È in virtù della croce che tutto sussiste. "In Lui tutte le cose sussistono", ed Egli non esiste in nessun'altra forma, se non quella del Crocifisso. Ma se non fosse per la croce, ci sarebbe la morte universale. Nessun uomo potrebbe respirare, nessuna pianta potrebbe crescere, alcun raggio di luce potrebbe brillare dal cielo, se non fosse per la croce.

Ora "i cieli narrano la gloria di Dio; e il firmamento annunzia la Sua opera". Salmo 19:1. Queste sono alcune delle cose che Dio ha fatto. Nessuna penna può descrivere, ed il pennello di nessuno artista può rappresentare la gloria meravigliosa del cielo. Eppure, quella gloria non è altro che la gloria della croce di Cristo. Questo consegue dai fatti che abbiamo già imparato, che la potenza di Dio si vede nelle cose fatte, e che la croce è la potenza di Dio.

La gloria di Dio è la Sua potenza, poiché "la straordinaria grandezza della Sua potenza verso di noi" si vede nella risurrezione di Gesù Cristo dai morti. Efesini 1:19, 20. "Cristo fu risuscitato dai morti per mezzo della gloria del Padre". Romani 6:4. Fu per la sofferenza della morte che Gesù fu coronato di gloria e di onore. Ebrei 2:9.

Così vediamo che tutta la gloria delle innumerevoli stelle, con tutti i loro diversi colori, tutta la gloria dell'arcobaleno, la gloria delle nuvole indorate dal sole al tramonto, la gloria del mare e dei campi in fiore e dei prati verdi, la gloria della primavera e del raccolto maturo, la gloria dell'apertura della gemma e della frutta perfetta, tutta la gloria che Cristo ha in cielo, così pure come la gloria che sarà rivelata nei Suoi santi quando "risplenderanno come il sole nel regno del Padre loro" (Matteo 13:43), è la gloria della croce. Come possiamo pensare di gloriarci in qualcos'altro?

**Galati 6:16 E su quanti seguiranno questa norma sia pace e misericordia, come su tutto l'Israele di Dio.**

La norma della gloria! Che grande norma in cui camminare! Sono menzionate qui due classi? No, questo non può essere, poiché la lettera è stata dedicata a mostrare che tutti sono uno in Cristo Gesù.

"Noi siamo la vera circoncisione, che adoriamo Dio in spirito, e ci gloriamo in Cristo Gesù, e non poniamo alcuna fiducia nella carne". Filippesi 3:3. Questa circoncisione fa di noi tutti il vero Israele di Dio, poiché questa è la vittoria sul peccato, e "Israele" significa un vincitore. Non siamo più "senza diritto di cittadinanza in Israele", "non più stranieri e forestieri, ma concittadini con i santi e membri della famiglia di Dio; e siamo costruiti sul fondamento degli apostoli e dei profeti, essendo Cristo Gesù stesso la pietra angolare". Efesini 2:12, 19, 20. Così ci uniremo alla folla che "verrà dall'oriente e dall'occidente e siederà a mensa con Abramo, Isacco e Giacobbe nel regno dei cieli".

**Galati 6:17 D'ora innanzi nessuno mi procuri fastidi: io porto le stigmate di Gesù sul mio corpo. 18 La grazia del Signore nostro Gesù Cristo sia con il vostro spirito, fratelli. Amen.**

La parola greca per "stigmate" è il plurale di "stigma", che abbiamo incorporato nella nostra lingua. Significa vergogna e disonore, così come un tempo significava un marchio che si imprimeva sul corpo di un colpevole o di uno schiavo fuggitivo catturato, onde mostrare a chi apparteneva.

Tali sono i segni della croce di Cristo. I segni della croce erano su Paolo. Era stato crocifisso con Cristo, e portava i segni dei chiodi. Essi erano impressi sul suo corpo. Lo contrassegnavano come il servo, lo schiavo del Signore Gesù. Nessuno, allora, interferisca con lui; non era il servo di uomini. Doveva fedeltà a Cristo solo, che lo aveva comprato. Nessuno cerchi di convincerlo a servire l'uomo o la carne, poiché Gesù lo aveva bollato col Suo marchio, e lui non poteva servire nessun altro. Inoltre, gli uomini si guardino dall'interferire, come hanno cercato di fare, con la sua libertà in Cristo, e stiano attenti al modo in cui lo trattano, poiché il suo Padrone proteggerebbe sicuramente ciò che è Suo.

Hai quei segni? Allora puoi gloriarti in essi, poiché tale vanto non è vano e non ti renderà orgoglioso.

Che gloria c'è nella croce! Tutta la gloria del cielo è in quella cosa disprezzata. Non nella figura della croce, come oggetto, ma nella croce stessa. Il mondo non la considera gloria. Ma il mondo non ha conosciuto neanche il Figlio di Dio; e non conosce lo Spirito Santo, perché non può vederLo. Possa Dio aprire i nostri occhi per vedere la gloria, in modo che possiamo considerare le cose al loro valore. Possiamo noi consentire ad essere crocifissi con Cristo, affinché la croce glorifichi noi. Nella croce di Cristo c'è salvezza. In essa c'è la potenza di Dio per preservarci dal cadere, poiché essa ci solleva dalla terra al cielo. Nella croce c'è la nuova creazione che Dio stesso ha definito "molto buona". In essa è tutta la gloria del Padre e tutta la gloria dei secoli eterni. Quindi Dio non voglia che ci gloriamo, se non nella croce del Signore nostro Gesù Cristo, per il Quale il mondo è crocifisso per noi, e noi per il mondo.

> "Nella croce di Cristo mi glorio,
>   Innalzandosi sovra i relitti del tempo;
> Tutta la luce della storia sacra
>   Si raccoglie intorno alla sua testa sublime".

Perciò—

> "Siccome io, che ero senza potenza e perduto,
>   Ho il perdono attraverso il Suo nome e la Sua parola;
> Sia preservato, allora, dal vantarmi,
>   Se non nella croce di Cristo, mio Signore".

> "Dovunque vada, ti dirò la storia
>   Della croce, della croce;
> In niente altro l'anima mia si gloria,
>   Se non nella croce, se non nella croce;
> E questo sarà il mio tema costante,
>   Attraverso il tempo e nell'eternità,
> Che Gesù ha gustato la morte per me,
>   Sulla croce, sulla croce".

# Appendice A

## Riassunto del Messaggio della Buona Novella nella Lettera ai Galati

**(1)** Il sacrificio di Cristo non è stato soltanto provvisorio, bensì efficace per tutto il mondo, cosicché l'unico motivo per cui qualcuno può essere perduto è che egli o ella ha scelto di resistere alla grazia che Dio. Per coloro che saranno finalmente salvati, è Dio che ha preso l'iniziativa. Nel caso di coloro che saranno perduti, sono loro che hanno preso l'iniziativa, gettando via il dono della loro salvezza. La salvezza è per fede; la condanna è per incredulità.

**(2)** Il sacrificio di Cristo ha giustificato *legalmente* "ogni uomo", e ha letteralmente salvato l'intero mondo da una distruzione prematura, ma soltanto coloro che credono ai Suoi meriti saranno salvati. Tutti gli uomini devono a Lui la loro vita fisica, che loro credano o no. Ogni pagnotta di pane è impressa col simbolo della croce. Quando il peccatore ode e crede al puro Evangelo, egli è giustificato *per fede*. I perduti negano deliberatamente la giustifcazione che Cristo ha già compiuto per loro.

**(3)** Pertanto la giustificazione per *fede* è molto di più che una dichiarazione legale di assoluzione. *Essa cambia il cuore.* Il peccatore ha ricevuto ora nel suo cuore l'espiazione, la quale reca la riconciliazione con Dio. Siccome è impossibile essere realmente riconciliati con Dio ed essere ancora contro la Sua santa legge, ne consegue che la vera giustificazione *per fede fa sì* che il credente diventi obbediente a tutti i comandamenti di Dio.

**(4)** Quest'opera meravigliosa della riconciliazione e trasformazione del carattere si compie attraverso il ministero della nuova alleanza, con la quale il Signore scrive effettivamente la Sua legge *nel cuore* del credente, il quale *amerà l'obbedienza,* e la sua nuova motivazione trascenderà il timore di essere perduto o la speranza di essere salvato come ricompensa (entrambe le motivazioni rappresentano ciò che l'apostolo Paolo intende con la sua frase "sotto la legge"). La differenza fra la vecchia e la nuova alleanza non è una questione di tempo, bensì della condizione del cuore. La fede di Abramo gli ha dato la capacità di vivere sotto la nuova alleanza, mentre una moltitudine di Cristiani vive oggi sotto la vecchia alleanza, poichè la loro motivazione è egoista. La vecchia alleanza era la promessa del popolo di essere fedele attraverso la loro propria capacità di "obbedire". Sotto la nuova alleanza, invece di *fare* delle promesse a Dio, la salvezza deriva dal *credere* nella promessa che Dio ci ha fatto di "salvarci a tutti i costi".

**(5)** L'amore di Dio è attivo, non soltanto passivo. Come Buon Pastore, Cristo sta attivamente cercando la Sua pecora smarrita. La nostra salvezza non dipende dal nostro cercare il Salvatore, bensì dal credere che Egli sta cercando noi. Coloro che alla fine saranno perduti avranno continuato a rifiutare e a disprezzare il Suo amore. Poichè questa è l'essenza dell'*incredulità",* o mancanza di fede—l'unico peccato che è imperdonabile.

**(6)** Pertanto è difficile essere perduti, ma è facile essere salvati, *se si capisce e si crede quanto buona sia la Buona Novella.* Il peccato in se stesso è un continuo rifiuto e una continua resistenza alla grazia salvifica di Cristo. Dal momento che Cristo ha già pagato il salario del peccato per ogni uomo, l'unico motivo per cui alla fine qualcuno possa essere condannato è il continuare nell'incredulità e il rifiuto di apprezzare l'espiazione compiuta da Cristo sulla Sua Croce e ministrata, distribuita da Lui nella Sua qualità di nostro Sommo Sacerdote. Il vero Evangelo rivela quest'incredulità e ci guida ad un pentimento sincero ed effettivo, che prepara il credente per il ritorno di Cristo. L'orgoglio umano, le lodi e le lusinghe dell'essere umano sono incompatibili con la vera fede in Cristo, ma sono un indice certo di un'incredulità predominante persino nella chiesa.

(7) Nel cercare l'umanità perduta, Cristo è sceso fino a noi, prendendo su Se stesso e assumendo la natura decaduta e peccaminosa dell'uomo dopo la sua caduta.

Questo Egli l'ha fatto affinché potesse essere tentato in tutti i punti come noi, tuttavia dimostrando una giustizia perfetta *nella somiglianza di carne peccaminosa.*

La parola usata dall'apostolo Paolo era "somiglianza", e deve significare quello che realmente dice, e non dissomiglianza. La parola giustizia è una parola che non è mai stata applicata né ad Adamo ed alla sua condizione precedente la sua caduta, né a degli angeli senza peccato. Essa può soltanto descrivere una santità che è entrata in conflitto col peccato *nella carne umana decaduta,* trionfando su di essa. Cristo non ha peccato neanche nel pensiero, provando con questo che tutti gli uomini possono vincere il peccato. La natura di Cristo è fondamentale per l'Evangelo di Cristo e per la Sua giustizia. Se Egli avesse assunto su di Sé la natura senza peccato di Adamo prima che cadesse, il termine "giustizia di Cristo" sarebbe un'astrazione priva di significato. L'insegnamento che Cristo ha preso su di Sé soltanto la natura senza peccato di Adamo prima della caduta è il marchio distintivo del "mistero dell'iniquità," che mantiene Gesù non vicino, alla nostra portata, ma lontano e inaccessibile, se non attraverso un sacerdozio umano, o "santo" mediatore fra Dio e l'uomo.

(8) Perciò il Nostro Salvatore "condannò il peccato nella carne" dell'umanità decaduta. Questo significa che Egli ha bandito il peccato. Il peccato è diventato inutile, superfluo alla luce del ministero di Cristo. È impossibile avere la fede in Cristo descritta nel Nuovo Testamento e continuare a peccare. Non possiamo scusare il nostro continuo peccare dicendo che siamo soltanto "umani", o che mel'ha fatto fare il Diavolo. Alla luce

della Croce, il Diavolo non può costringere nessuno a peccare. Essere veramente "umano" è essere come Cristo in carattere, poiché Egli era ed è interamente umano, così pure come anche interamente divino.

(9) Ne consegue che l'unico elemento di cui il popolo di Dio ha bisogno per prepararsi per il ritorno di Cristo è quella fede autentica del Nuovo Testamento. Ma ciò è precisamente la cosa di cui molti sono carenti. Molti immaginano se stessi dottrinalmente e per esperienza ricchi, "io son ricco e mi sono arricchito" (Apocalisse di Giovanni 3:17), mentre in effetti il loro peccato fondamentale e un'*incredulità* patetica, dimostrata con la loro vita di un continuo peccare e pentirsi, peccare e pentirsi. La giustificazione *è* per fede; è impossibile avere fede senza dimostrare la giustizia nella propria vita, poiché la vera fede opera per mezzo dell'amore. Cadute morali e spirituali oggi sono il frutto del perpetuare il peccato di incredulità dell'antico Israele, causato dalla confusione di un falso concetto della giustificazione per fede.

(10) La giustificazione per fede è il messaggio del terzo angelo in verità. Pertanto esso è più sublime di quanto insegnavano i Riformatori, e di quel che comprendono le chiese popolari di oggi. È un messaggio di una grazia "molto più" abbondante, in armonia con l'esclusiva verità avventista della purificazione del Santuario celeste, un'opera parallela e corrispondente alla purificazione completa dei cuori del popolo di Dio sulla terra prima della seconda venuta di Gesù.

# Appendice B

## Breve Nota Biografica su E.J. Waggoner

Ellet Joseph Waggoner (1855-1916) era un dottore in medicina, che cambiò indirizzo alla sua carriera per diventare un prolifico autore, editore, pastore, evangelista, un insegnante talentato, e valoroso attivista in libertà religiosa. Fu un'esperienza illuminante quella che cambiò radicalmente la sua carriera. Nel 1882, in un triste pomeriggio piovoso il giovane Waggoner era seduto in una tenda di convegno ad Healdsburg, California, ascoltando un sermone noioso. Improvvisamente ebbe una visione sulla realtà della croce di Cristo in quanto realtà per il tempo attuale. Egli descrisse così la sua esperienza:—

"Improvvisamente una luce risplendette attorno a me, come se stesse splendendo il sole; io vidi Cristo crocifisso per me, e mi fu rivelata per la prima volta nella mia vita la realtà che Dio mi amava, e che Cristo aveva dato Se stesso per me personalmente. Questo fu tutto per me. Se potessi descrivere le mie sensazioni, esse non potrebbero essere comprese da coloro che non hanno conosciuto un'esperienza del genere, e per questi non è necessaria alcuna spiegazione".

Quell'esperienza fu l'inizio per E.J. Waggoner di una vita di studio delle epistole ai Galati e ai Romani. Dal suo studio sul soggetto di Cristo e la Sua giustizia com'è insegnato nella Bibbia, Waggoner produsse numerosi sermoni, articoli e libri sul soggetto della giustificazione per fede, che hanno galvanizzato per più di un secolo il cuore di migliaia di persone in tutto il mondo.

Nel 1886 Waggoner scrisse, in base ai suoi studi sulla lettera ai Galati, 33 articoli sulla giustificazione per fede che vennero pubblicati su Signs of the Times, la rivista di evangelizzazione della denominazione. Alla sessione della Conferenza Generale che si tenne più tardi nello stesso anno, George I. Butler, allora presidente della Conferenza Generale, pubblicò un opuscolo intitolato "La Legge in Galati", nel quale egli stese la sua posizione contraria alle opinioni di Waggoner sulle due alleanze. Nel suo opuscolo Butler affermava che Waggoner dava eccessivo risalto alla fede, minimizzando nel contempo la legge di Dio.

Rivolgendosi a questo dibattito teologico, e facendo eco all'espressione di Apocalisse 18:1, Ellen White scrisse: "C'è molta luce che deve ancora risplendere dalla legge di Dio e dal Vangelo della giustificazione. Questo messaggio, se compreso nel suo carattere autentico, e proclamato nello Spirito, illuminerà la terra con la sua gloria".

Come replica al documento di George Butler, Waggoner scrisse in febbraio 1887 un opuscolo dal titolo "The Gospel in Galatians" (*Il Vangelo in Galati*). Egli non lo pubblicò fino al dicembre dello stesso anno, dopo che Ellen White aveva scritto al pastore Butler: "Lei ha diffuso il suo opuscolo; ora sarebbe solo leale che Waggoner abbia la stessa cortese possibilità che lei ha avuto di pubblicare le sue opinioni".

Durante i primi anni del suo fedele ministero pastorale, il Dr. Waggoner aveva sofferto una persecuzione poco cristiana da parte dei fratelli dirigenti della chiesa, che combatterono la posizione di Waggoner sulle due alleanze e sulla legge in Galati. Tuttavia durante questo tempo Ellen White scrisse numerose lettere in sostegno dell'opera di Waggoner che presentava la verità della Bibbia sulla giustificazione per fede e sulla giustizia di Cristo in relazione alla legge di Dio.

Nel 1892 essa scrisse: "Sono profondamente addolorata, perché vedo come ogni parola od azione del pastore Jones o del pastore Waggoner venga prontamente criticata. ... Essi [la direzione della chiesa] sono alla caccia per trovare qualcosa da condannare, e la loro attitudine nei confronti di questi fratelli, che sono impegnati con zelo per fare un buon lavoro, mostra che nel loro cuore albergano sentimenti di inimicizia e di amarezza".

In un manoscritto nel quale essa meditò sulla sessione della Conferenza Generale che era stata tenuta a Minneapolis nel 1888, Ellen White scrisse: "La fede di Gesù è stata trascurata e trattata in modo indifferente e negligente. Essa non ha occupato la posizione prominente nella quale era stata rivelata [all'apostolo] Giovanni [in Apocalisse 14:12]. la fede in Cristo come sola speranza per il peccatore è stata esclusa in larga misura, non solo dai discorsi tenuti, ma anche dall'esperienza religiosa di moltissimi che pretendono di credere al messaggio del terzo angelo". Quando il fratello Waggoner espresse queste idee a Minneapolis, si trattò della prima volta in cui udii il primo insegnamento chiaro sul soggetto proferito da qualsiasi labbro umano, ad eccezione delle conversazioni fra me e mio marito. ... E quando esso fu presentato da un'altra persona, ogni fibra del mio cuore disse, Amen".

Una conferma significativa dell'insegnamento di Waggoner si trova in Testimonies to Ministers. "Il Signore nella Sua grande misericordia ha mandato un messaggio preziosissimo al Suo popolo attraverso i pastori Waggoner e Jones. Questo messaggio doveva presentare al mondo in maniera più prominente il Salvatore innalzato, il sacrificio per i peccati di tutto il mondo. Esso ha presentato la giustificazione per fede nella Garanzia; esso ha invitato la gente a ricevere la giustizia di Cristo, che è resa manifesta nell'obbedienza a tutti i comandamenti di Dio". (*Testimonies to Ministers*, pp. 91, 92).

In gennaio 1893 Ellen White scrisse: "L'opposizione nei nostri propri ranghi ha inflitto sui messaggeri del Signore un compito oneroso e penoso per l'anima; poiché essi hanno dovuto affrontare dificoltà ed ostacoli che non avrebbero dovuto esistere". L'opposizione al "preziosissimo messaggio" presentato da E.J.Waggoner e A.T. Jones ha continuato per più di 130 anni. Nella sua manifestazione attuale, questa opposizione pretende che il messggio è teologicamente sbilanciato, tendente a promuovere la falsa idea di perfezionismo, e conduce ad opinioni fuorvianti di Dio. Come dimostrazione, l'opposizione indica che il dr. Waggoner stesso divenne confuso riguardo la natura di Dio, ed accettò le idee panteiste del Dr. John Harvey Kellogg—Dio essendo letteralmente nella natura.

Quasi 10 anni prima che Waggoner scrivesse alcunché contenente tali sentimenti, e mentre essa sosteneva ancora molto ciò che predicava Waggoner, Ellen White aveva scritto una lettera a Uriah Smith, datata 19 settembre 1892, che diceva: "È molto possibile che il pastore Jones o il pastore Waggoner siano stati soverchiati dalle tentazioni del nemico; ma anche se essi lo fossero stati, ciò non dimosrerebbe che essi non avrebbero ricevuto alcun messaggio da parte di Dio, o che l'opera da loro compiuta era stata interamente un errore. Ma se ciò dovesse accadere, quanti adotterebbero tale posizione entrerebbero in una delusione fatale, perché non si trovano sotto il controllo dello Spirito di Dio. Essi camminano al barlume del loro proprio fuoco, e non riescono a distinguere tra il fuoco che essi hanno acceso e la luce che Dio ha dato, ed essi camminano nella cecità, così come fecero gli Ebrei".

"Io non ho alcun messaggio gradevole da proferire a coloro che sono stati tanto a lungo delle guide false, che conducevano alla via sbagliata. Se voi rifiutate i messaggeri delegati da Cristo, voi rifiutate Cristo. Trascurate questa grande salvezza, presentata a voi durante anni, disprezzate la gloriosa offerta della giustificazione attraverso il sangue di Cristo e della santificazione attraverso la potenza purificatrice dello Spirito Santo, e non rimane più alcun sacrificio per i peccati, ma una certa e terribile aspettativa di giudizio e ardente indignazione". (*Testimonies to Ministers*, pp. 97, 98).

*Note del Lettore*

## Colophon

Composizione in Minion Pro 11:13.2
Disposizione del testo e prestampa eseguiti da CFI Book Division
Illustrazione di copertina disegnata da CFI Graphic Design
Pubblicato e stampato in Stati Uniti d'America
Prima edizione italiana © marzo 2017

Gli editori sono indebitati alle seguenti persone che hanno prestato benevolmente il loro tempo per la traduzione e la correzione del testo di quest'opera dall'inglese in italiano: Frances Durbin, Alfredo Carnevali, Orazio di Gregorio, Sergio Mascherini e Adriana Bulzis.

# Libri per ulteriori approfondimenti sul tema di Cristo e la Sua Giustizia

### La Grazia Messa Alla Prova
#### Robert J. Wieland

Perché il messaggio ripieno della grazia di Dio debba subire "un processo" che va avanti da più di un secolo? Questo libro ti aiuterà a comprendere la lunga attesa della seconda venuta di Cristo. Le informazioni qui contenute saranno scioccanti ma riuscirà anche a sciogliere il tuo cuore perché verrai messo a conoscenza con Gesù come mai prima.

### "Poi il Santuario Sarà Purificato"
#### Donald K. Short

La prima edizione del "Poi il Santuario sarà purificato" fu pubblicata nel 1991. La centralità del suo messaggio consiste nella gloriosa verità dei punti fondamentali Biblici che rendono la Chiesa Avventisa del 7° Giorno unica—il messaggio del santuario celeste/giudizio finale. Il libro fornisce approfondimenti spirituali, e incoraggia i membri di chiesa a rallegrarsi nell'opera del nostro Sommo Sacerdote che è impegnato a purificare il carattere del Suo popolo.

**Per ulteriori informazioni su questi, e su altri libri, rivolgersi a:**

Frances Durbin  
Roma, Italia  
328 609 1515

Orazio di Gregorio  
orazio.digregorio@com-ebraicamilano.it

## Note del Lettore

www.ingramcontent.com/pod-product-compliance
Lightning Source LLC
Chambersburg PA
CBHW020422010526
44118CB00010B/382